一平方米的城市

伍佰下——著

上海文艺出版社

目录

上海，一次别离

003 · 上海，一次别离

008 · 朋友此一时，朋友彼一时

013 · 有些白水是有味道的

017 · 谢谢，你还在

022 · 你做的披萨啥味道？

025 · 总有人过得慢慢的

030 · 拨开你的那只手

034 · 请让我发会儿呆，好吗？

039 · 闻

043 · 我待电话如初恋

047 · 人生难得模糊时

有些面孔

053 · 有些面孔

058 · 我们失去了一些坚实的背影

062 · 另一面的闵惠芬

067 · 关于母亲的倒叙

071 · 这一杯敬你

077 · 当清新之爱已成绝唱

082 · 世界上最好的味道,吃起来会心疼

086 · 凌风飞去,余烬无解

089 · 罗宾大叔教我们习惯告别

093 · 永远的高跟鞋

书的表情

099 · 书的表情

103 · 那些年,我们吃过的月亮

109 · 一个人的电影结

113 · 流年

117 · 假装和世界杯很熟

121 · 写给十四岁的你

125 · 那些需要从容安放的光和亮

130 · 再看海,已不是那种颜色

134 · 谁们的小时代

138 · 因为喜剧,所以忧伤?

我的地下我的铁

143 · 我的地下我的铁

147 · 股疯以后

151 · 你是谁家的"鲍师傅"

155 · 头发的事

160 · 地铁里,谁的琴声寂寞

164 · 股市这条河里,你是那个悲怆的抒情者吗?

168 · 对面的店家看过来

172 · 我看到你骄傲地剩着

177 · 霾伏

182 · 每家都可能有一个广场舞大妈

188 · 任性是一种奢侈的东西

这一辈子你能走多远

195 · 这一辈子你能走多远

199 · 耳朵碰来的密祉

204 · 迷失在罗马

209 · 有一种美找得回来

214 · 笑一笑,台北

218 · 细节里,一座城

222 · 有一片土地,坚硬又柔软

227 · 定海,骑在自行车上的三毛

232 · 我错过了那么多

一夜海上雪有无

239 · 一夜海上雪有无

242 · 春天是会骗人的

246 · 一夜不响,梦醒不扫

249 · 诡谲的雨

253 · 白云自去来,我思若无思

259 · 一平方米城市,种点什么都是好的

264 · 没有你的中秋,月亮还是好好的

270 · 枫林谷的叶子掉在了时间里

275 · 时间都去手机那儿了

279 · 愿有情人终成汤团

上海,一次别离

飞离上海的航班窗外

上海，一次别离

儿子使倔的时候，我脸上怒着，心里咆哮着：如果时光倒转，给我一万个理由，我也不会制造出你这架小战斗机，跟我斗，跟我犟。

他气过云散，过来往你脸上"叭嗒"一口的时候，满心的皱褶又立刻被展开成一张松脆的海蜇皮，无限柔软地感慨：孩子是最好的礼物。

这就是贱。这就是无底线。这就是天底下最不可思议、又最顺理成章的一种情缘。

朋友小D跟儿子别扭了五年，从孩子青春期开始，就互相较上了劲。谈到家里那"货"时，小D点起一支烟，神情暧昧，爱恨交加。可是，一旦两人同时出现在人前，小D对儿子说话永远没有好声气。最近没见到他俩一块儿出来，后来得知小D那成绩不怎么样的儿子，奇迹般地申请成功一所排名世界百强内的美国大学，呼哧一声坐着喷气，消失在了蓝天的那一面。小D跟我描述送行那刻，一度曾经有过的"终于没人惹我生气"的那种轻松，忽然被儿子拖着行李箱的帅气背影给压没了影儿。那一刹那，他觉得自己斗气打磨，几乎成品的一个高大身影要离开了，不知道预定的四年之后，这个身影还会不会回转。

浦东机场的天竟然是那样蓝。大玻璃外停着美联航的大飞机，蓝色背景，走过安检线的儿子回头找了一眼他俩，笑了一下。这瞬间他觉得那像儿子无数次吵架负气后讨饶的表情，可是，里面还装了些不确定，含混的，又有点黏黏糊糊的东西。于是，他心脏的某个角落，开始隐隐绰绰地痛起来。儿子马上拐过一角，看不见了。他在不断有客流通过的安检口边呆立了有半个小时的样子，老婆打趣地逗他："现在难过了？谁叫你不跟我一起陪他理东西的？"

拥抱，招手，眼泪，都没有。他在回程的磁悬浮上，看着窗外的风景因为高速飞驰，忽然一边高、一边低起来，就跟老婆说了句："我是不是头晕了？"老婆嗔怪道，大惊小怪，磁悬浮就是这样的。停了几秒后她说，电脑上天天可以视频的，你用不着这样头痛脑热地作。然后她握一握他的手。他忽然在车窗玻璃上看到了儿子的一双眼睛，几秒钟，就消失了。

小D回述这一切时，我有点木。我们继续吃着火锅，火锅没那么香了。回到家打开书房门，看一眼念书的儿子和在一旁督促念书的老婆，有了一种异样的感觉。

六年级开学后就感觉儿子的个子忽然蹿过了他母亲，虽然还是肉乎乎，笑起来没心没肺的傻样子，却比以前任何时候都容易跟我们发生摩擦。隔着书房门，我清楚地听到他一句顶一句地跟老婆"作战"，老婆的调门越来越高。可是，课业时间结束，他俩回到厅里的时候，几乎又像情人一样地要好。儿子说话故意带着拖音，老婆从女魔头变成了巧克力女郎，对他有求必应。无数次，我醋意朦胧地看着他们，有时候还佯装生气地要"拆散"这一对，也是枉然。可那一晚，看着这一切，心里像被压了一层重物。于是到阳台上透气。

儿子走到阳台储物柜里翻找他感兴趣的武器图册。一轮萌月高挂。远眺的我，默然望一眼他。他习惯性地在看到我后，补叫上一声"爸爸"。然后，他坐在沙发上沉浸在航母的世界里，我失去了进入他世界的端口——聊起军事，我总是本能地失语，他则充满探究的兴趣，眼睛发光。

我有意识地默算一个计划的倒计时。从现在起，还有七年。

我决定了从那时起就不斥责儿子了。我想花更多时间，从需要远途往返的单位抽身早点回来，跟他多说说，多待待。我还想多领着他上父母家，父亲的嘴角越来越耷拉了，母亲的思维也有不连贯的迹象。我想带他一起看一些上海的不同地方，一起讨论一些故事和观点，一起打打羽毛球、乒乓球和游泳。

他书房的门在睡觉前的一刻钟几乎总是关着的。

为了准备七年后进入另一个求学空间，这道门还是隔开了我们。我在空荡荡的大厅里，在凝固的空气里，似乎还是听得到他的呼吸。有时候想着，即便是隔着门这样守着，知道他在，偶尔听到他一两声咳嗽、俏笑或者争辩，也是会让我的心情宁静和满足的。

我知道我就是七年前的小 D。身边的小 D 很多。还不乏七年后的小 D。中国大城市里很多对隔着电脑视频终端、隔着越洋电缆、隔着高山大洋、隔着那一个有时朦胧有时犀利的月亮的父子、母子,就在他们的生活里或早、或晚,埋伏下了这一集终要上演的"美剧""英剧"。求学远行,成了家庭状态剧变的一道分水岭。那边,年轻的生命闯荡未来,这边,抽空了一个主角,除了怅然若失,还有不知年年岁岁几何。不知从什么时候开始,这好像已经成了惯例。

终不免还是会在差不多年岁的朋友间,谈起我们老时,谈起不少这样的家庭的未来。画过很多次的饼,各种大小,各种馅料。有大团圆,有两地奔波,有难得一个电话,有音信杳然。然而当指向人生黄昏的所有可能性,最终都落到灯暗烛尽无人问的那一幕时,几乎所有人的表情都免不了怔一下。一怔以后,我不知道他们嘴上说着的那些话,是不是跟心里真正的想法对应得上。在"那也是一个结局"的看开姿态后,他们眼前出现的画面究竟是什么?

有过几次,充满代入感地预想那样的我。我想在最脆弱的那一刻,还是会期冀在床边,他能出现,哪怕一分钟。不要托寄的花,或别的什么。

你说我们能期望从孩子身上得到什么呢?我想说我什么别的都不要,我想说他回不回来,跟我们在不在一个地方,都不重要。我只是希望在生命最后一刻,他给我一个能让我贱贱地什么都不计较的笑容。那个时候,我还要拿回来这样一个笑容,就像,我们现在吵过,他又来撒娇般地和好,甜甜地笑着。

我明白,这或许已经是我们这一代为父母的,太过奢侈的、很不懂事明理的、也往往被斥为"不够大度、不够现代"的愿望了。

算了,还是该一笑而过吧。

可它真的是一个奢侈的,拿不回来的愿望吗?

朋友此一时，朋友彼一时

　　昨天下午，微信通讯录上的 A 君走了。消息传来，木讷半晌。屏幕上定格的他的那一个笑容，把我召唤到九年前的伦敦。他在早餐厅里，对着放肆说笑的中方团队竖起食指，挡在他肥阔的嘴唇前，"嘘"了一声，提示轻一些。就这样，他连续提醒了七天。

　　他那时是我下榻宾馆的见习大堂副理，梦想是成为旅馆业高管。因为聊得投缘，回国一度还保持着网来网去，直到近几年，连简单的招呼也不怎么想得起来打。唯一存在于我生活中的痕迹，是那一天，出于焦虑，在朋友圈里吐了一句老人的病情，他忽然不知从哪个角落出现，以不可思议的速度回了一句：受难吃苦的人生，你也要挨，祝福你挨得住，默默为你加油。

　　这打鸡血般的鼓励，我看到了。然而处理紧急情况要紧，便全然没有腾出手来回复。我知道这小子仍然妥妥地在欧洲，还有空为我打气，他的一切一定不错。几天后，一场车祸把他高高甩向大树，那句励志的话成了我们最后的交集。人生红灯亮起处，这一个值得珍视的朋友，从"陪你一起走"的队伍中紧急刹车，离开了。

不免遗憾。失神的我，难以自控地在屏幕上划拉通讯录。在这个足有八百多人的朋友圈里，我想知道，我还剩几个想到时能让脉搏跳快一点、周身暖和一些的，所谓真正的朋友？

通讯录朋友圈的友情，共同特征似乎是，此一时，彼一时也。

学生时代天天腻在一起，好到轮流穿一件夹克，饭菜票都不分彼此共享的那几位，现在往往在朋友圈里不声不响。Q君，有一部"老坦克"自行车，本科四年里为我做车夫让我占尽便宜，写诗打乒乓的激情和速度让我大为钦佩。现在，是名校的头儿，家里的主事，高中生他爹，厨房里的大师傅，基本上五六年一小见。眼神是操劳过度的，诗歌是远离已久的，低调的性情不变，身体不复如初，人生轨道已变，偶与我这样的"发小"应酬，也拿捏着"相见不如怀念"的火候……你还好吗？我不来打搅你，我想你还不至于会忘了我。

研究生时代的各系科混住，成就了一群年轻的朋友。秉烛舌战，花生米就着力波啤酒；冬雪滑腻，代为打饭翻了碗盆；军事课救场，我的卷子垫在他的下面；排球场受伤，眼睑缝合无麻醉时，紧紧扯住我的手一声不吭……这样的朋友颇有几个。拖拉到群里，放大头像端详半天后，隔屏叙旧。然而，似乎当年的热乎劲儿甚难再寻。那天，已是南大教授的一位旧友一语点破，他说，也许都是"情景中人"，所以，当我们走出了各自生活工作的图景之后，还会有新的友情通过几乎差不多的路径，一点一滴地积聚起来。

"其实很难说谁和谁不再是朋友，只是，生活的清寂是要友情去填补,后来者填了离开者的缺。只要还是心性依然,我们不免仍会像当初对身边挚友一样地对新朋友掏心掏肺。现在的他,就是当初的你。而你身边的他们,也就是当初的我们……"说这话时,窗外风起,屋内酒热。

通讯录上的好友,渐渐都与一段遭际联系在一起,因了那一段遭际还经得起岁月翻弄,所以,就算越来越多地成为过了时的热络名字,翻看时,却依然有一层涟漪荡过,有不灭的心动存在。这个,恐怕得习惯。

有一些名字,已经不在这个世界,却依然安睡于通讯录里,因为他或她曾经滚烫过我内心的一壶酒。或者,我们真的一起摸爬过一段特别的路。H女士,曾经是我工作的联系人,电话那头是永远清脆的女高音和"油炸响铃"般的笑声。直到我们一起出差到了芬兰,她累到嗓子哑了,才有了我用自带电水壶给她煮上一碗方便面,放上许多斜桥榨菜,看她边吹边吃的那一刻,她吃暖了,只扔过来一句——"为了你这碗面,我都更爱这世界。我不谢你,明天还要吃。"她于不经意的散步间发现达尔哈拉的一座山头可以眺望大湖,充当我们的领路人,那天风大,她的丝巾飘扬在胸前,好看极了。她说若可带女儿来赏这样的风景就好了。憧憬之语隔不过两年,她因胃癌谢幕人生。

Z女士,在演出大巴上被我认出,电台老牌主持,在我红领巾未摘时就听她主持星期广播音乐会。她看到了我的黑眼圈,她说人生不应当那么累。她建议我跟她一起在演出前的漫长等待中,到江阴的街头去泡个脚,除除乏。她说,你这个年龄体会不到黄昏已临,搬张板凳坐下来喝茶的好。"慢一点,别催迫得自己太紧。"被疾病带走数年之后,她的话在我耳边,还是那讲解舒伯特小夜曲的和畅恬静的音色。那一抹音色,就是我通讯录里定格至今的一抹月色。

朋友此一时,朋友彼一时,这似乎是比"朋友今生一起走"更实在的状况,也似乎是盘点友情时更应该有的那一份看开。

来的来,去的去,通讯录里从 A 到 Z,故交多零落,新朋少相知。有时候,想到那些在自己生活中消失了的"过路党",不免黯然。可是,慨叹声未落,手机里的通讯录就会又"长"出一截——微信时代,不容分说,新朋友们几乎以"破门而入"的速度,又从后面赶上了自己,说了一句"你好,认识你真高兴"后,便神出鬼没地通过各种即时联络平台,与我共同感知互相的存在,并肩走上一段,高兴时吆喝几嗓子,悲伤时点个破碎的爱心图像,误解时拉黑隔离几天,或者就此一去不回头……只是属于和不属于我们的这个时代,既丰富得过了头,日历翻新得也超速起来,见惯了不明不白的离去,已是必然。

就算这样,一波接着一波地热闹着,真朋友,有几个?

那一天,本科死党群聚了。L 小姐塞到六个人手里六个 USB,我以为是要推广什么业务的节奏,却大错特错地发现,里面是五十首本科时,我们最喜欢哼唱的中外流行歌。不经意地翻转着 USB,背面竟然刻着我名字的拼音缩写。其他五人也发现了。至此我们死心塌地,跟着这借"歌"还魂的友情走。

那一天,X 来进行移民他乡前的告别。吃着,说着,我以为我轻松地应付好了一个送行。嘱咐了她要格外注意尚未痊愈的慢性病状，描画了我多少有点知道的加拿大的秋冬，唱歌一样地告诉她：就是一张机票，十二个小时，现在都一签十年了，放心，也许我也会跟进……她送我到地铁口前，忽然提议一个拥抱。人到中年的她很单薄，我这才意识到从初识的九年前到今天，她是一天天地在消瘦。松开时，她眼睛红了。此后，每走下几级台阶回望，都看见她站在便利店的门口对我挥一下手，下到我的脑袋快淹没在地平线处，最后一望，她仍然看着我，挥一下手，擦一下眼角。那一瞬间，我忽然感觉不安，忽然觉得我可能又要失去什么，又忽然觉得，我生命中的这一页友情，似乎没有那么容易被渐凉的秋风吹翻过去。于是我依然对她报以一个微笑。

你们好好地来。你们好好地走。

有些白水是有味道的

设想一下，诺尔曼·白求恩大夫不远万里来到中国，到北京街头召集一千个流浪汉，每人发五块大洋，让加拿大和中国媒体事先事后地跟着。如果是这样，流浪汉们拿到钱，估计第一会打听这是哪国人，第二会感叹："这个加拿大人真有钱。"过后，也许他们会等着下一个来散钱的富人，也许继续流浪。

真正的白求恩拿着手术刀上了战场，所以，到现在，他都是中国人提到名字便会静默和生出敬意的白求恩大夫，而不是茫茫富人堆中一个忽闪而过的光标。

相信，高调秀"散钱式"慈善的，初衷不乏良善，愿望也该美好。结果世界都看到了。场面做成这样，最根本的因素，恐怕还在于主事人处世和行事的风格。有人总喜欢浓墨重彩、浓油赤酱地显示存在感，世界因此多了热闹，其强力推送的形象也总能引起街谈巷议。这是个注意力经济的时代，以出挑乃至奇葩的方式跃入大众眼帘，算不得是什么出格的事儿。

与此同时，世界上更多见的，似乎是不动声色地帮扶困弱者一把的小动作、小数目。其动静之小，数目之微，连在杯子里吹起个水花都比不上。而杯中拂过的几缕涟漪，很快又被寂静的生活熨平。它们似乎悄无声息地出现过。可是，被这涟漪搅动过的水，已经不是原来的那杯水。

你有没有对满世界打广告的刺激性饮料厌倦，却从一杯普通的白水中喝出了清冽和甘甜的那一刻？

怀念几位演艺界的老朋友，他们出场时样貌清汤寡水，甚至连粉彩也不上一点。那个时候，只要听到他们在舞台上吹拉弹唱，意思全在曲子里，淡妆素裹，不妨碍他们成为风景，一点儿也没有觉得还要添点儿什么。最近几年，频频被拉去欣赏演出，已有名头的音乐人，乍一出场，头发是发廊风格的，衣着是世界杯啦啦队颜色的。粉底厚，跺一脚，一圈粉。弓上弦，未开拉，头先晃。观众最后注意到的才是琴声。可这琴，比多年前的"白煮"差多了。一场下来，能有的灯光颜色全用上了，扭胯、摇头、蹙眉、扛肩，所有肢体语言都加上了。始信这是表演，后面加不了艺术两字。

我跟表演者开玩笑说，现在听音乐，不管西洋民乐戏曲，都是麻辣水煮一个味儿，舞台呈现、艺人包装，用艳俗形容还嫌不够。通常有几位辩解说，观众口味变了，市场把人逼成那样。我点点头，这是个重口味的时代。心底却不服。再重口味，也不能只是一水儿的川湘吧。菜系还有八大，更何况你们把扬州狮子头也麻辣了。到底是市场里那一桌吃客的口味轻易就搅动了你们那一锅菜，往里搁重盐重油、撒胡椒辣子，还是你们自己心眼不清静、不消停，主动别扭姿势，配合着消费曾经坚持的艺术，扭曲了观众的口味?

像莫扎特或《江河水》,是不必加盐加胡椒的。它该是有味的,就还是会让人品咂得出味道来的吧。

触动我的还有另一件事。

因为每日要做微信,常去打开自家报纸的副刊资料库。最近,当我搜索"朝花·巴金"或其他巨匠名家时,跳出来五十多年前的文字。带着巨大的喜悦和享受,粘贴到微信里时,忽然意识到,这么多久远年代的稿子,当年的编辑们,是怎样一扇扇门地敲开,怎样一封信一个字地修润,又怎样回环往复,最后变成铅字的!心血来潮地计算过,这家上海最大日报的稿库里的文学稿件,每年六百到九百篇,六十多年,就是大约五万篇。就算其中留下百分之三的精品,也已是皇皇数百万字篇幅。

十多年前有了人工智能识别转换技术。资料室的同事告诉我,外包给专业公司,把报样扫描,不消多少时间,就可以成批地把铅字变成电子版。在几十年挥汗甚至泣血的积淀里,和一扫千字的潇洒之间,我感觉到了前者的分量。而当回望那些泛黄的版面时,为一代代文豪、名家做嫁衣的那些面孔,则或者消散于无形,或者苍老而模糊。是哪几双手在研磨改稿?是怎样的清寂与曲折,经年累月在默默燃烧着那一个或几个并不强壮、也几乎从不显山露水的身影?

大多数时候,人们只看到了作者的光鲜,或者传播平台上那些曝光率最高的"一线",却很少去关注那些不声不响"做嫁衣"的人,那些在年年月月日日地为一张新闻纸默默进行文化积累的不起眼的小人物们。如今，平台转换之时，纸媒之珍贵，却往往在这些经年积累下的灿烂文章中凸显。而那些自身才高艺绝的编辑们，埋头组稿，遇事和不遇事，都不大有声响，几十年如此……

有时候我觉得我们都染了某种时代病。我们越来越迷惑于大音量的吹送，手舞足蹈的表白。不吃点辛辣，不蘸点大酱，嘴里就喊着没味。没兴趣光顾那些第一口寡淡、无色，看上去平淡无奇，不起泡沫，不带浪花的白水。直到我们终于发现，各种有味道的液体，原来是勾兑了各种添加剂和不明成分的。

或许，那些清冽而寡淡的白水，才是真正有味道的。

谢谢，你还在

他们估计你挺不过上个周末，倒计时的秒表走在我的心里。今天上午，我在你的床尾醒来，看到你双目紧闭，呼吸平静，甚至偶尔有个小呼噜声传来。一缕秋天的阳光，在白色的被子上打了一个黄黄的窗格，把红红的医院老建筑的图标装在里面。你的手露在外面，青筋凸起，却温润着。摸到它，很暖。谢谢，你还在。

我梳了一下头发，有三四根，长长短短，掉在线衫上。这个时候，眼角照顾到你，你忽然动了一下。摸摸你的额头，睡得如何？你说，很好，比昨天好。你声音绵软，但大意坚定——让我白天出去透气，有事叫护工打我手机。没有问题，没有问题，你一再唠叨着，脸上漾起一丝笑意，尽管脸色依然苍白。我再度握了一下你的手，它软软的，上面布满针眼。

有多久没有这么一大早漫无目地走在医院门口的林阴道上了？不是急着出门吃十分钟早饭就折回，就是小步跑去最近的超市买菜，拿到阿姨家起锅烧煮，再拎回病房，给你加点养分。地上满是落叶，大多被踩得不成形，但也有几片是完整地蜷曲着身子，大概生怕在过客脚下粉身碎骨,偷晒着九点前不被对面医院大楼挡住的最后一片晨阳。绕着走的结果,是踩到了其他的树叶,呱啦啦,像小时候吃你新出锅的炸龙虾片时咬下去的清脆声音。我知道那是叶子里的"骨头"断裂的声音。它们被太阳晒热了,暖暖地断了一地。然后,趴在地上,在清洁工的大笤帚到来前,最后喘息一天。

你说你好好的,放了我一个长长的"风",让我坐到了早场的电影院里。和平影都,十点,IMAX场。邻座开成静音档,我关掉静音档。只要一有铃声响起,就能看到是不是护工小黄。

上周来看你的我的同事们,不经意聊到了快要下档的《星际穿越》。他们说到了相对论,五维空间,也听到了"搞脑子""蛮难懂"。对于我,这一切如闻天书,不知所云。今天上午,碰到的正是这一部。有多久没看电影了?不管它。心情松快。我甚至在一路小跑上二楼影厅的时候哼起了歌。短信铃声可能会在十点二十分来,我关照小黄把你的新化验报告发过来。安心地,沉入了IMAX厅的一片黑暗中。

我以为我看错了电影,其实没有。并没有科幻加爱情。主线是马修·麦康纳扮演的父亲,承诺女儿为尘暴漫天患了绝症的地球,重新穿起宇航服,去寻找外在星系可能的迁移地,然后返回施救。飞船升空,天人两隔。异度空间的穿梭里,最残酷的一幕,莫过于让生长缓慢的父亲,隔着屏幕,依稀认出已长成跟他现时同龄的女儿,然后获知,其实带着五千个人类受精卵的飞船,根本就没有被设计过返回拯救人类的程序……不知道为什么,我觉得我眼前不断出现的马修,渐渐地变成了你;而那个异常敏感,在父亲最后一次出门时拒绝相送的女儿，就是我。

一个小时后，我意识到我忘了看手机。你的报告十点二十翩然而至。陶醉地用了"翩然"这个词，是因为它们刚刚好挤过了不用采取紧急措施的及格线。你知道我守着你的这些日子里，你碰了多少次线吗？九次。

星空里，向死而生的父亲穿越了虫洞、黑洞，到达一个绝望的星球，再到下一个……你知道吗，在医院里九次穿梭生死线的既是你，更是我。坐生命过山车的滋味，我和马修·麦康纳的这个角色一样感同身受。谢谢，你还在，你还好。

马修在五维空间里回到女儿房间，声嘶力竭地提示她应该留下来等待施救，他不知道她能不能感应到，可这是他在此空间的生命历程中的最后一次机会。生离死别的那一刹那，女儿泪眼蒙眬中醒悟到，拯救人类的最后希望恰恰在能够破解父亲信息的她身上——那一刻，对父亲当年甩下自己而去的怨恨消融，百感交集。此后，父女再见，已是七八十年后，一百一十二岁却容颜依旧停留在中年的父亲，再看卧床的女儿（此时已成耄耋老妇）时，两手相执，天荒茫，地苍老，亲情之结解开了。大银幕下旁若无人，有个人止不住滚烫的液体恣肆流淌。我想《星际穿越》不如翻成《心际穿越》吧，科幻知识解读派靠边，诺兰之所以是诺兰，一定也是在感情、亲情的生死油锅里煎熬过几回的吧。就比如，病床前，生死场边，跟最亲爱的，相牵相别。只不过，这个生死场，放在了无边星空。谢谢诺兰手下留情，父亲回，女儿在，尽管时空错乱了八十年。

听你的话,中午没有回医院。她来了,一位好友。刚刚经历了父亲的离去,清瘦如枯枝。坐在离医院不远的咖啡店,坐到阳光渐偏,斜斜地把她脱下的红大衣染得有点绛紫。

她缓缓地回忆半年来的一切。确诊恶性肿瘤中晚期,放弃化疗,日日陪伴,甚至云游到热带国度……直到有一天,父亲状态特别好,让她去单位打理荒疏了一阵的公司。她记得那一天天蓝日和,她在办公桌前不知不觉忙碌到夕阳落下,用了两年的一柄暖水杯,突然在电脑旁裂开了。慌忙擦水时,手机响起,就在她不在时,父亲悄悄走了,刚发病时叫旁人不要告诉她,意识残存时又喏嚅着她的名字……

泪眼模糊时,一条微信从我的屏幕上跳将出来。"感恩我的生活中有你相伴!感恩节快乐!"来自许久不联系的一位朋友。

我心里庆幸。谢谢,你还在。

旋即,紧张与不祥同时汹涌上来,令我坐立不安。匆匆辞别她,我三步并作两步地往医院去。说不清是什么力量,让我禁不住流泪,越走越快,泪越流越凶猛。

擦干眼睛,在护士台前的镜子里镇定几秒。镜子里看到护士伸出的脑袋,"你到哪里去了,上午又急救了……""不是指标好的吗?""谁说的,低得一塌糊涂。""现在怎么样?""还没完全稳定。吸氧,激素,一起在上。"

瞬间明白了一切。冲入病房。

护工小黄看到我,焦虑又尴尬地动了下嘴角。

拨开她到一边,看你凌乱的头发盖住了一只眼睛。鼻子里的氧气管随着呼吸强烈起伏。

我握住你的手,它凉凉的。你忽然半睁开眼睛,搜索到我,看着我,不知是点头还是打战。

我看着你,说不出话来。你用眼光领受埋怨,目光无力。

你不是说你好好的吗?你是要我真的离开你吗?还是,要我学着习惯没有你的日子?

我很久都没有松开手,直到你看我的眼神从无神到再度有点光亮,直到我手上的温度似乎传染给了你,直到天黑了,天又亮。

谢谢,你还在。

你还会一直在的。

你做的披萨啥味道?

那是一个长假的尾声,我接了在福州路念完书的大不点儿,在来福士地下一层的棒约翰,快速解决一顿披萨。菜单上,大大的虾仁引得大不点儿大叫"饿死了"。三下五除二地下单,要了一个九寸装的海鲜馅料披萨。

十分钟过后,披萨上来了。热气腾腾。刀叉交碰,切开奶酪黏厚的薄饼,就听大不点儿咕哝一句:"咦,虾仁哪儿去了?"于是继续切割,终于几乎挑剔完了一张饼,没见一个虾仁。

服务生紧张兮兮地去核对菜单。答曰:没下错单,也没上错菜。他得再去厨房仔细勘察。

饿极了,加上赶时间。没有虾仁的披萨,照吃不误。等不及结果也没什么关系。

那个披萨竟然出乎意料的好吃。在人声鼎沸的餐厅里,三口之家安安静静地消灭了差不多四分之三个披萨时,服务生端着一个铁盘过来了。

"非常对不起,是厨师漏放了虾仁。"他一脸歉意,"做饼的员工是一位自闭症患者……"他说得轻声轻气，停顿了下。"这个小盘装放了虾仁，是其他厨师代为补做赠送的，代表本店的歉意。"

一个六寸装，上面放满了虾仁的披萨，搁在了大不点儿的面前。

一家子愣了几秒后，我反应过来。"没事儿。其实我们已经吃饱了，原来那个披萨，味道挺好的……"跟服务生笑笑，他安心离开。

披萨热乎着，谁都没有动。我往不远处的食物递送窗口张望，还真看得到一张戴着厨师帽的怯生生的面孔，时不时地在窗后晃过，又消失。

我对大不点儿示意，是把这还烫手的披萨打包呢，还是"吃热的"？结果，我们不约而同地又开始"磨刀霍霍"。

匆匆走出店门时，回看了一眼那个窗口，和这家装修明显老旧了的店面。依旧客流汹涌。

事情过去几乎有一年了。大不点儿说这个长假过后要交一篇随笔，并提到了想写这一顿披萨。我有点意外，也挺佩服儿子的记性。

并不奇怪。我记得，在大不点儿的学前班上有过一位同学，他有一点轻微的交流困难，上课时会随意走动，表达不多、不太清晰，激动时会大喊大叫。大不点儿并未感到特别，带着他一起玩，闹腾得厉害了，他就哄哄他。那位小朋友隔几天没见到他，一返校就会和大不点儿紧紧拥抱。我问大不点儿为什么愿意跟这个同学玩，他说，那是我的小弟弟，应该一起玩，让着他。其时，班上大多数小朋友如有默契,都离那个小朋友远远的。

  我料得到,这一次,大不点儿在随笔里会感悟些什么。果然,他的钢笔和他的性格一样阳光。刚升入六年级的他说,他遗憾当天没有机会去参观那个厨房,看望一下那位漏放馅料的厨师。他说,他喜欢那家店,因为它没有对那位员工说不。

  可是,我不免还是有一点不安。

  其实,日后好几次匆忙间路过那家披萨店,我都没有进入。这家曾在一个长假里给我带来过些微特别口感的餐厅里,那张面孔如今还在不在?

  如果,那张我没能看到的模糊面孔还是时不时漏放馅料,会得到当初那样的宽容吗?如果,他已经不在那家店了,他试图独立工作的努力,还有没有其他的地方可以帮助来实现?如果,有一些雇佣只是受制于接纳特殊人群比例的那一根法规红线,那么,他留在店里时间久了,他的存在是否还会自在,他的工作还会是快乐的吗?如果,少了主料的披萨,端到了维权意识很强的客人桌上,客人会不会劈头盖脸地一顿斥责,直到追根溯源,一次次开罪于那个也许满心想着做一个好披萨出来的他?

  这个长假,我大概有闲能再去那家店吧。如果你还在的话。

  我想对你说,你做的披萨超级好吃。

总有人过得慢慢的

在等待接孩子补习出来的两个小时里,我坐在肯德基,打了七个电话,回了一百多条微信和短信,看了几十个微信号新转的新闻与文章,眼前摊开的《平凡的世界》,依然停留在第一百五十一页。扫了两眼,凭直觉记起我可能忘掉了什么事,又拿起手机……

好了,离孩子下课还剩二十分钟,可以消停了。一抹夕阳照在书页上,细微的尘埃在光柱里慌张翻飞。无意间转眼,瞥见对门方向的一张双人桌上,一位五旬上下的大姐低头拱腰,手高手低地拉着线头,在做十字绣。这一幕,从进门后便如此,她那个身位没有动过,仿佛石化。

暗自嘀咕,这丝缕绵密的图案,需要的大概是一种"吃饱了撑的"力量,才能空耗掉这样一个大好的下午吧?这个画面,与周边频繁切换着的来了走了说了闹了饕餮了打翻了的种种情状是如此不搭。于是,我把她视为异类,摆弄手机把她做绣的动作收入,"咔嚓"声响起的时候,我心想,大姐你可不要误解,我把你的脸切掉了,只要你的动作,然后晒到朋友圈里,一定赞声一片。

快门声果然惊动了她,她抬起头眯着眼睛瞧过来,看到我想藏住手机的尴尬姿态。高度近视的眼镜片后是恍若隔世的漠然。她又低下头,沉浸于桌上摊开的一切。这一种冷漠,让我感到了自己侵入的无礼,和无聊。我便只是玩味着屏幕上的那个画面,终于没有把它发到朋友圈。如果发出了,一定会有很多个赞和叹,那是给我的,跟她的世界不会有什么交集。

起身离开时,这一幅女绣的画面依然吸引我再次回头。她的时钟,大概是半天才走一格的。就这半天的工夫,她在一圆盘的布面上,已经拉缀出一朵色彩变化极其丰富的菊花,还有正在生长着的茎和叶。她看起来原地不动,倒是极慢、极精细地养育出了属于她自己的一个小世界。

也许她是天天如此?也许,她不过是偶尔意兴大发,或者碰到了点烦闷事,出来拾掇十字绣,打发时间而已。不过,这样推拉有致的节奏,屏住气息近乎定格的身体语言,却慢慢地拉出了气韵悠长。

思绪闪回到上个月的云南,那座古村大路旁宅门口石槛上坐着的老奶奶,也像幅静静的油画,不知道在我们到达前已经坐了多久。隔开七八米远,我下蹲找个角度拍她,她则继续发着呆。旁边一块向日葵地,暖风微醺,错落的光影散在她的白发上,蓝衣襟上。我拍了十几张,并且很得意没有惊扰了她发呆的视线。可我在镜头里忽然看见她举起了枯枝般的手臂,挥了挥,又挥了挥。我拿下镜头,确认了她是在对我笑。于是走近几步,跟她挥挥手。然后,她就一直挥手,挥到我又走了十来米。回转身看,她已经恢复了手插在棉襟袋子里,斜靠门柱发呆的样子。

天上的流云和飞过岁月的鸟,就在她的发呆中停步了吧?那时候,我这样想。

生活里就有这样一种不经意的相遇,或被某一幕触碰,会让人发觉,其实依然有一些人,一直那么不愠不火,慢条斯理,按照自己的节奏在慢慢走、慢慢过。他们不像我们或者小碎步地快走,或者跑一路喘一路,上气不接下气。

母亲打来了电话。三个礼拜没有能够去看她了,她问一声:你还好吗?我带着歉意说明了近几周的忙乱状况后,反问她和父亲过得如何。她就是那样一句简单的"我们都好的"。我知道母亲的意思是,饭是好吃的,锻炼是依旧的,父亲是会跟她有些小口角的,一切都是风平浪静的。她永远不会多描述两句,一直坚持用高度概括的"我们都好的"这五个字,一"好"就好了很多年。常常,眼前会浮现父母卧房里那座依然加油上发条的三五牌台钟,一来一回,摆得步履方正,不紧不慢。十七楼的窗外,是那样一片嘈杂的内环高架,从早到晚交通工具穿梭不息的噪声令人厌烦。我曾经问母亲,不关窗睡吗?吵吗?母亲说,不觉得有声音,不吵,每晚都睡得好好的。

那个台钟的声音,在我不那么忙时,就偷偷地摆进了我一无所有的脑袋里。有时候也就会觉得,那样一种慢,随喜,安心,不只是外在于我们和他们的世界。在被时间和各种力量推着、挤着、攮着走的当下的人生里,不甘心,常质疑,有点倔,停下脚,便时不时成了自己对惯常姿态的一种反叛。尽管,这反叛稍纵即逝。

米兰·昆德拉在小说中曾经追问:"慢的乐趣怎么失传了呢?……古时候闲荡的人到哪里去啦?民歌小调中游手好闲的英雄,漫游各地磨坊、在露天过夜的流浪汉,都到哪里去啦?他们随着乡间小道、草原、林间空地和大自然一起消失了吗?"这种追问,今天听来则更掷地有声。荷尔德林描画的人类"诗意地栖居在大地上",想必也不是以摧枯拉朽的疯狂速度,碾压传统、环境和心灵而成就的图景。

然而,我们终究快着。

我们害怕失去前面最好的风景,日行千里、追风赶集后,又忽然发现自己乘上的疯狂列车停不下来,驾驭了我们的一切内在节奏。我们失去的似乎更多。这种失落,指向的绝不仅仅是快慢间的选择与平衡,更是心灵维度的张弛,思想空间的宽紧,和不在一个维度的生活模式的判断力和选择权。

朋友打电话说,出来喝茶。我的第一反应是:你有什么事,现在就讲。回答是,没事,喝喝咖啡或茶,漫无边际地聊聊,不可以啊?我听后一阵惭愧,同时心头的紧张烟消云散。这样的约会,自然喜欢。我说这就是"裸喝"了,跟光屁股洗澡时一般不再容易牢骚满腹一样。朋友戏谑道,当你我被各种身份、职位、追求、进阶、谋利、觅食的时尚外套包裹捆扎,你以为光屁股是件容易的事吗?我约你喝茶,你不是喜欢,而是发愁和提防,这是所谓现代"饮士"之窘。

这个时候,一壶茶慢慢地上来了。我常常因为口渴抢喝第一口，不但烫嘴，并且茶叶未及舒展，碎沫子涩嘴。等上七八分钟后，茶水的颜色朗润起来，口味也才大方起来。于是，我们忘了窗外人流如织，步伐错落，争先恐后。话多起来，目光平和下来，心肺舒张开来。这世界，云淡风轻起来。

拨开你的那只手

被这只手拨开,不知道是第几次了。

它常常在我专注于前进一步,或是逼近出口之时,从背后冷冷袭来。就像这一次一样,我的肩膀被坚硬的手指掰到侧转三十度,眼光还来不及对上,这只手的主人便带着一股冷风,"嗖"地穿越到我的前面。哦,是位中年大嫂,面相不凶,只是冷漠。她穿插之后用余光遭遇我不满的目光时,嘴里撇出理直气壮的一句:"侬走不快么,我走。"

地铁里,剧场通道上,商场出入口,医院挂号长队中,每每被超越,从未去讲理。超越可以,用手拨,无非是把前面的人拽后,你往前一个身位,心理上便超越了一道障碍。你占得一次先机,便收获几分钟的俭省。我向来不与拨开自己的这只手冲撞的原因,是觉得纠缠无疑会粘滞住两个人的脚步,如果浪费双倍时间,那就让他(她)前进一个身位好了。人生,本不差这几分钟。

大概脾性太好,我发现一个超越者后面还跟着另一个,另一拨。拨你的手如一只大钳子,将你拗成一道侧转的门,跟着就会有若干只手张舞着凑近,为再次突破时刻准备着开"拨"。我听到了被陌生人划拨过的平静的水面,传来了冷金属的声音。它告诉我,闪开,别挡道!

在上海,在北京,在深圳,在广州。狼奔豕突的人生里,这样的情状,或许用生活的冰冷坚硬,生存的拥挤野蛮来理解,不免在事后对自己的慢吞吞幽上一默。当然不免追究到人性上,这个人性,大概离温和很远,离乖张和跋扈很近。

有一次排队进衢州高铁车站,只因我拖着行李的步子慢了两秒,身旁破了一个口子的栏杆里,立刻突击进来两位带着大皮箱的年轻女孩,其中一位还嫌我拖了一半的行李箱碍事,用手往后拨拉。背后传来指责,却有一半是怪我步子慢了,"成全"了女孩子的插队。这一次我终于憋不住,向前面喊了一嗓子:"你们怎么能这样插队?"

拨拉我行李的女孩转身,毫无愧色地展示了她的口才,"哎呀大哥,出门在外,不就是要互相照顾么……"

"让排了几百米的人照顾你们两个插档的,也好意思?"

"我们行李多嘛。大哥你这人怎么这么计较?"

神逻辑把我拨拉到不知道哪个角落。就在寻找反击话语的当口,她们已经验完票,消失在了闸机口……

你就被这样的一只只手,划拨到退后、靠边,你伸出一只手想反击,它们却灵活得很,瞬间消失于无形。

它们本来也许是温热的手,拨拉起手机屏幕上的爱人头像时轻巧绵软,对着镜子拨拉被风吹乱的发丝则如柳条拂过湖面,拉开自家孩子尿布时也是谨慎小心。但是,在落后别人身距不足二十厘米时,它们突然换了性情,长长、变硬、带钩,以迅雷不及掩耳之势撑开障碍物,蛇穿龙行之后,又迅速收拢,好像什么也没有发生。只有甩开同类一个身位的优越感,为这只手的主人带来的喜悦。

我说的不是全部的手。我说的只是一部分的手,却占了相当的一部分。

就像,有人为擦着你身边过而说"sorry",有人赶时间超车而先说"借过",有人为离你太近而尴尬地扔给你一个微笑,他们的手在裤袋里,在包袋外,在车窗旁,或者充当歉意的手势,像一面小旗子,向被超越者挥舞一片小小的善意。可也有人在背后用不耐烦的责问拨开你,有人用头、肩、车子恶狠狠地刺穿你与前方的缝隙,有人触碰了你的肩膀后还嫌恶地回看你。此时无手,胜过千手来袭。咣当咣当,我看到的是长满手的奇怪的人们,为了排除他人的这堵"墙",展开公共空间里的一次次攻击。

长大了,变老了,你会看到、碰到、意识到,在你周围,原来存在着更多这样的手……这些手和你的人生一起,还给你一盆冷水,名叫——谁叫你总被别人拨拉到后面。

手是用来干什么的?显示力量的。包括借助力量,给予力量,抵挡力量,制造力量。当然,也包括向你的同类制造后推力。

当你被裹挟在一个慌不择路、拥挤不堪、离心离德的人群中,它更多地被用来对周遭实施抵挡、防卫乃至突击,为左奔右突打出一条缝隙,在他人即障碍的观念世界里,唯有出头才是安全。这只手惊恐不安,随时准备占领优势位置。极端情况下,拨后一个同类,不仅仅是超出一班车,甚至意味着超前一个选择、一种命运。手是武器,是权力,是冲陷人生阵地的凶猛动物。

可也不要忘记,你的人生,总会有一个时候,哪怕是极少的瞬间,会做出双手合十这个动作。用它来叩问心灵,祈祷心安,求得宁静,反思尘世因缘际会,用它的绕指柔拈一朵花,用它的温柔糯软安抚你爱者和爱你者。那个时候,你是拨撑开众生,唯求人先、人上,还是返归那一泓内在的清泉?

拨开你的那只手,凛冽凶戾,它拨不走心头的阴霾,拨不开人性的迷雾。伸出它,在他人眼前闪过一道烈光,被回以一道冷冷的目光。这个世界,顿时冰冻成一块冷铁。

冷铁之下,可有37度的心跳?

请让我发会儿呆,好吗?

那一天我带着大不点儿理发,出人意料的顺利。美发院对面就是鲁迅公园,于是我爽快地说:儿子啊,进去逛一圈如何?他眼睛忽闪一下,满是愉快的表情。

小年,公园里人出奇的少。要知道鲁迅公园在正常日子里几乎没有一个角落不人头攒动,散步时要跟孩子讲个话得扯大嗓子,说着说着就冒火。旁边有千军万马在搅局,那宁静的心情很快就死在了众声喧哗中。今天这安宁,让我有点过于兴奋。一路上我边比划,边跟大不点儿解说着巡游路线上的种种。没有干扰,连落光了叶子的法国梧桐上都看不到一只雀儿。天蓝,我高兴地看见边说话边从嘴里跑出的热气,导游加导师的兴致噌噌噌地蹿上来。"看,那是什么树,还这么绿着?""你妈最爱看这红叶了,你觉得好看吗?"

大不点儿却出奇的安静。尽管顺势勾住我手臂,却有一搭没一搭地回我一两句,偶尔盯着侧旁的什么,也跟我所指的南辕北辙。这是累了吧,我说,前面有条长凳,坐一下吧。

他半个屁股着凳,整个人凝固成了一具雕像。我有点口干舌燥,又觉得风有点儿大,一会儿问他需不需要我去买杯热茶,一会儿看表,念叨晚上吃小年夜饭会来几个人,吃完晚饭,大不点儿要不要弹会儿琴。我的屁股像碰到锥子,怎么也坐不踏实。时不时拿出手机,刻把钟不曾留意,公众号就更新了几十家……

当我意识到大不点儿有点过于沉默的时候,忍不住问,你没有不高兴吧?是不是闯了什么祸,有事儿瞒着老爸?……没有回音。打开手掌,在他小脸前晃了晃。大不点儿这才如梦初醒,眼珠转向我,不愠不火地扔过来一句——爸爸,你能不说话吗,你能让我发一会儿呆吗?

一时语塞。想要回送点什么话,可他的眼神已全然不在我身上。我的内心戏变得异常丰富,恼火着满腔热情被他熄灭,不屑着这个屁大的小子也想起了心事,甚至很快联想到了那几次老师的提醒——你家同学有时上课明显发呆,看窗外,还傻乐……这苗头,得遏制,我忿忿然。

清了清嗓,预备促膝谈话。

大不点儿却对我调皮地一笑。爸爸,你感觉得到吗,这个凳子每过两三分钟就会颤动,我的腿麻酥酥的,太"duang"了。

我愣了,把自己定格成一株静物,竖起耳朵。

过了大概两分钟,我勉强地感觉到一丁点儿晃动。我对着大不点儿的腿盯了好一会儿,确保不是这小子在捣鬼晃凳子。

风吹的吧,我顺口一句,大惊小怪啥。大不点儿却忽然较起真来,是真的,晃得很明显,我感觉它来自地下!你听,你听。

说话间，腿上真的有一阵麻酥酥的感觉袭来。我这才定下心来，长凳震动之外，我还听到了一种细微的轰鸣。它果真来自地下。我和大不点儿不约而同地得到了答案——

地铁！

地铁为什么可以把声波传到那么上面？是造得很浅吗？会不会把公园的土壤晃松？地震是不是就是这个感觉？大不点儿话匣子一开，让我完全找不到可以安然避过他深入追击的解释，因为我几乎从来没有想到过脚下的大地可以这么轻易地晃起来。

即便如此，跟他思路完全不在一根轨道上的我，依然不得不把孩子的长串问题，引向我所知道的一点点儿皮毛——爸爸去过上海几座剧场，听说过某些座位同样的"定时嘚瑟"，尽管已经在地铁上方加了避震弹簧，但已被科学家认定为物理上极其轻微、几乎可以忽略掉的这种共鸣，还是会有细心人察觉（不包括我）。

你是说有人感觉不到吗？大不点儿满脸写着纳闷。

嗯。大概因为你在发呆，所以你能感觉到。不过，你能告诉我，刚才为什么发呆吗？

出乎意料，他告诉我，发呆时想的什么，已经记不起来了，但应该跟动物有点关系。

哦，如果你是牛顿，那你发呆看苹果树后，一转身，啥奇思妙想也没在脑子中落下；如果你是李白，那么送完孟浩然，发呆看到长江发白，一转身，大概也会把"唯见长江天际流"给丢了吧。我心里这样想着，便带着点嘲意地对他说，这样的发呆，跟你有时候上课开小差是差不多的吧?

大不点儿涨红了小脸,不服气地白了我一眼。

爸爸,我每天都会想一些问题,有的有答案,有的没有答案,可我就是愿意自己发呆。发呆时各种念头自己往外冒,没有答案,也很过瘾,很开心。爸爸,我希望每天都有一刻钟时间发呆,行吗?

这一个奇怪的想法,让我心里有股黏稠的东西涌动起来。我说不出话来。

眼前十二岁的大不点儿,瞬间对上了中学里的我。我怎么忘记了,那时候,我也是一个发呆高手呀。高级到教室窗外的杨树枝丫一天掉了几枝,都数得上来;高级到思绪能上到蓝天白云或月球上,绕一大圈儿后被从座位上叫起来,还接得上老师的提问。发的什么呆?现在一个也想不起来。一定很多都挺幼稚,但它们让我神思自在,轻舞飞扬。有时候想着想着,会一个人笑,会冒出某句台词,会哼哼小调,又忽然在意识到失态后不好意思窃笑几声。那是无数个伴着懵懂的探知欲和独立欲而来的悠长的走神,绵长的思绪,胡乱的幻想,幼稚的设问,以及情不自禁的代入。不过后来,发呆的人通常在老师的喝止或家长的提醒中,学会了调适到"聚精会神"或装作全神贯注的那一个频道,在几乎千篇一律的"正常"的评语中做题、背诵、长大,相信填塞给我们的所有知识和道理。所以到现在就不大会发呆,也不大会允许自己有大块的时间发呆了。

当他说,"请你让我发会儿呆好吗"的时候,我感觉他点了我的穴。我做学生时最宝贵的那一面，对我开了一扇窗。

　　我不由自主地搂了搂大不点儿的肩膀，这个意思有点模糊。可是，他笑了一下，露出不是太整齐的牙。这个时候，我看到他发呆的那片天空上，拱起一道彩虹。

　　不一会儿，我和他身下的凳子和脚下的大地，又开始震动了。

闻

去朱家角的那天，正是今夏第一天大热。放生桥边水汽氤氲，淀浦河上光影交织，一身黏汗地走着，像走在一个做不完的梦里。

游完湖和河，就只剩下张嘴的事。在临河二层的木地板露台，灼人的风吹着，靠着栏杆眺望放生桥上的旅人、生意人、古镇居民，开动筷子。螺蛳，酱炒的；臭干，清炖的；鸡汤，浮着油；河虾，带着籽。一边慢悠悠地出着汗，一边享受着这熏烤的惬意，一边跟花甲、半百、不惑朋友各一位，打开故事总会。

我是喜好用鼻翼去消受夏天的。30度以上的气温，让几乎所有活物、古旧之物的第一特征，都变成了可闻的气息，就仿佛它们把外在褪去，让你第一时间感触到坦坦荡荡的肌理和神经。所以，即便离所有物事远远的，依然明确感受得到各种存在，与品格。闻一闻，就够了。

坐在木头房子与水的交界处，第一股钻进鼻子的带点霉味的木腥味，一下子就让精神慵懒下来。邻桌的酱油虾，浓浓鲜鲜地钻进鼻孔的时候，真是让人饿得不行。一口菜肉馄饨咬断时，太生猛的菜汁味道揭示剁菜前未焯水，刚要摇头，一口猪油香的馄饨汤却立马浇灭生气。杯子里的啤酒花，咕咚一声响在喉中，与晒着酒杯的阳光味道混合，冲得鼻尖发酸，好爽。朱家角就在这些水生岸长之物与锅台亲密接触后的成熟滋味里了。当然还有满巷子飘荡着的扎肉的"明星范儿"，更离不得生烟水面的活泼味儿，连放生桥、课植园与大清邮局点线、形制构成的视野格局，都在骄阳蒸腾中被逼出了暧昧惺忪。在这种种气味漫漶的世界里，一个中午加半个下午，竟然四人一台面，没有挪过窝。

离去之时，偶尔碰到衣袋里的方块物，这才意识到，它还存在。之所以被遗忘，也许就是在这一切有机的气味里，它是唯一没有味道的物件罢……

一早醒来，已在繁华之地。吃过自青浦带回的肉粽，便冲锋般挤进了轻轨车厢。

车门久合不上，冷气里清凉的身体，一具具慢慢呼出腐败之气。左边的胖先生如庐山瀑布似的飞挂着汗水，飘来渐馊之味。右边的时髦小伙尽管假以发胶，腋下的气味依然与形象极不和谐，也就在周边形成了半径三十厘米的空圈。我往贴身站着的儿子头上一闻，他的头发冒出淡菜味儿。"今晚要洗头了。"我说。他极不耐烦地瞟了我一眼，掏出纸巾开始在头颈里揩来揩去，粘了半脖子的纸屑。

就在终于响起关门铃后冲刺进来一个体育生模样的男孩，立即，一股阿迪达斯品牌的清香味儿侵入车厢。男人都养成夏天用点香水的习惯吧？心里碎碎念的同时，低头自嗅，出家门前为了赶电梯不得不放弃了的那一次喷洒,立竿见影地把自己变成了一团龌龊气味,只有惭愧。微念一闪,身后飘来韭菜味儿,是一位打扮得山青水绿的女孩,争分夺秒地享用着她的那份"包脚布"。阿迪达斯、包脚布、淡菜、狐魅味,丰富得令人窒息的一平方米。

送完孩子,边刷微信,边慢吞吞地走向66路车站。声势夸张的榴莲味袭来,不用抬头就知走过水果摊了。拾荒乞丐猛一推门差点撞上自己,嗯,面包加人工打理的碎牛肉味儿,是麦当劳。又过五米,咖啡里带着苦味,女孩嗔怪男孩不知道帮着提一杯,男孩默默地接过两杯,其实手上早已拎满了两人所有的重物,在星巴克的门口。很快,咖啡香又被鸡公煲的焦煳味盖住,后面还有桂林米粉等着……地上的雪糕纸,没扔准目标无趣地躺在垃圾箱边的西瓜皮,烂泔脚呼出的呻吟,显然,车站到了。

很久不来车,等待的人们近乎抓狂。在身边窜来晃去的一个个身体,明明都焦急一片,哪堪其中一位中年大叔,穿着长袖,纸扇狂摇,硬是把衬衫T恤下裹不住的刺生味,硬性推广开来。"最难过的日脚来了。"老爷爷牵着孙女的手,预报着苦夏的到来,孙女淡定地吃着东北大板,表情煞是享受。等车的两排简座,早被不老不少们占领,有点摇摇欲坠的意思。

站台人愈趋密集。四顾之下,无人有交集,无论目光还是心灵,只有不怎么好闻的气味,这是人际唯一联系。年轻人大多找一块荫蔽处划看手机。新闻劲爆,矿工做局杀矿工,某大城市又扒拉出一大贪,代考,裸考,"萝卜招聘"发酵,燃气涨价开听证会……水泥丛林加人肉丛林,并不见生气。挤得密不透风的公交来了,再塞上几个,面包壳子里胀满了。勉强撑持上车,那爆满的冷漠、厌烦、焦躁与提防,马上冲入鼻尖和肺腑。

2014年上海一只角。公车启动,柔软生鲜的朱家角,"喊"的一声被关在外面,飞快地退后。

我待电话如初恋

那时我初中,已经开始通过电话"社交"了。不过是公用的。亭子间就在出家门转弯的弄堂口,老伯伯会出来叫(那时叫"传呼"),我会飞下楼接听。有一次听着一高兴,接完了顺手挂在了邻座的座机上。邻座是隔壁弄堂的胖大叔,对那头讲到半句没声了,气得脸色煞白,指指电话,说不出话。我乖乖递给他两毛。那时候在大食堂,两毛可以吃半个红烧狮子头了!

有些兴奋的情绪没有安放对地方,会变成接单者小小的灾难。

后来上了高中,那晚黄同学过生日,我们三个走读的死党决意奉陪到底。在华东师大的营业性餐厅里,偷偷开了小瓶白酒喝。当天下午我们就预计晚上有这一出,我和杨死党先到曹杨九村邮局跟家里挂电话预告节目。谁知要排队老半天,我们没了耐心,觉得已经是大人,晚点回去大概也没问题。那天晚上,我因第一次碰白酒,喝高了,昏头昏脑地跟杨死党横在沈死党家暂不住人的师大新村一居室的床上,迷糊到早晨,根本没想起往家打电话这件事。

回到学校,我和杨死党就被教导主任尖利的目光"拎"出了教室。"知道你们父母凌晨都找到学校来了?赶快打电话回家!"挠挠头,借了教务处电话拨回去。姐说,母亲等到半夜不见人,哭泣不止,何况我每天放学回家必经一段很长的铁轨,而前几天就有人吊死在那里,想起更是焦心。折腾到凌晨不见孩子,父母先寻到铁轨,后找到学校,把住宿生的寝室都打搅了个遍,依然没有问得我的下落。姐要我过一小时跟下早班的母亲打个电话报平安。一小时后,电话那头是一晚没睡的母亲。听到我粗粗的嗓音,她却是高兴的,一句责备的话都没说,这事儿就过去了。多年后,我在大学课堂里被叫起来完成一道英语口语题"说说你最让父母操心的一件事",结结巴巴地回忆起这个场景时,才忽然意识到我犯了多大的浑。

有些电话不能不打,哪怕永远占线。

工作第四年,我配了中文机。有天到电视台开会,心想曾有员工带着我从正在后期装修施工的 B 楼抄捷径穿至 A 楼,也就凭记忆上了 B 楼,选了我以为的 8 楼。到了 8 楼,电梯门在身后关上,我才意识到不对劲。这一层所有大门全给锁了,想退回去,两部电梯竟然被设置成"只出不进"格式,并且直通消防通道的安全门也给锁死了。唯一一扇落地玻璃窗,试着推,却纹丝不动。刹那间,我变成了与这个世界隔绝的人。这事儿在今天匪夷所思,只有中文机的时代,却因为我的一个过错,变成了令人恐惧的局面。怎么办?自救。只要有电梯从本楼层经过,我就拼命砸外层门喊"救命",可架不住隔音性太好,电梯上下几十次,看着人影在门缝里过，任凭我拍打、扒门和喊叫，无人听见。折腾将尽一个小时后，我已满身是汗，气力衰竭。最后是消防通道里响起脚步声，总算有人从这里步行下楼，听到了我用尽最后一丝气力的砸门和求救声，搞清事由后，他从底层坐电梯到 8 层接出我，才解了我的围。这番遇险，让我三下五除二搞定当时最时髦的 CDMA 三星，接入的是"长城台"。1999 年，三千块砸下去，一部高大上的手机一度让我心里美滋滋的。

之后，每次到外地或在上海冷僻角落，这机子就没信号。最恼人的是不到两年，"长城台"收工，通信管辖权划归联通，联通立马出令——得换联通号或联通的手机。这招绝——三星第一代 CDMA 是把卡烧制在手机里的，无法"联通"，于是这部手机作废，成了我的收藏——我的新下家规定，这个机子折合六百元贴补换购新机，机子他们也不回收。我肠子都悔青了，却没舍得扔掉这个手机。至今，"高大上"仍躺在卧室抽屉里，仪态万方。

有些"高大上"在并不适合的时候追，就追成了一泡飞过你头顶的鸟屎。粘了头发上，你浑然不觉，还在灿烂微笑……

2007 年我换了第三部手机。这一次，吸收了人生经验教训，选择尺度只要"厚实、稳重、耐用"，并想学学欧人做派，预备跟一部手机天荒地老。

选了半天品牌，看到"明基-西门子"。想着家里的西门子冰箱那个结实耐用，就不再犹豫。事实上，此手机的外壳还真像冰箱铁皮门那样牢不可破，两年里摔落四五次，每一次都有惊无险。这在当年质量脆弱的翻盖手机一族中，简直是良心产品。每遇好友，我都会骄傲地亮出"明-西"说:"它跟了我快四年,摔了快六次,还是不离不弃。"朋友也是直率,说这牌子好像已经倒闭了。我以精神胜利法自忖——说明这手机离开娘胎后孤独一生,硬气一生啊!都不用留后路修理,这才是手机中的战斗机啊!说着,得意地撇嘴一笑。可笑意未尽,它从我大腿上滑下,"啪"一下就趴在水门汀上了。毫不紧张地拿起纸擦着白钢皮壳子上淡淡的磨痕,正准备夸耀,却发觉屏幕上出现了一道黑线。三个月后,这道黑线变成了一摊黑色的"地图",样子有点像今天的乌克兰……

有些自信满满的"天荒地老",却输在了未及所料的脆弱上。于是,我跟这天荒地老拜拜。

这一生,依然在跟电话纠缠不清。以后又有过"双卡双待",热恋了两个月就发现电池损耗极快,遂打它入冷宫。再后来,拥抱了一枚"索爱",到现在快三年,啥都好,就是没有自拍摄像头。这"索"不出的自恋,让我在苹果粉面前很是抬不起头。可咬咬牙不再始乱终弃。不就是自拍嘛,我不求人!每一次,我都把手臂伸到最长,把头缩到最远,把手机背面摄像头的焦距调到最小,然后,撕扯出一张张大饼脸,把异国他乡的每一个孤独的自己都记录下来,时不时地发一幅到网上。当然,这枚"索爱"即便在自拍疯魔一片的微信大片时代,什么特别的遭遇都没给我"索"来。

我想,终于,我跟这枚励志的手机、矮矬的手机之间,可以不再有糗事发生了,我们可以初心不改,一起终老了。

一粗心,把一张猪年吉祥的漫画像混选到了卖弄饭店HAPPY姿态的九宫格里,手一抖,出溜到了网上……

人生难得模糊时

这里有一个永远理不干净的桌面。长期以来,各种稿件、报样、来信、文件、订书机、回形针、笔、茶叶、剪刀、台历,被我习惯性地乱码乱放。最不堪时,可以用垃圾场来形容。

可是,这样的桌面,如果碰上一位处女座的整理高手,是会要了我的命的。原来就算乱,东西的堆放也大体有一个只有自己知道的"逻辑"——最新来的通知、稿件,写有通讯联系方式的小条,我喜欢放在显示屏前巴掌大的地方。信件等散置在桌面哪块地方都行,只要按重要性把近期要处理的搁眼前就行。报样随便码在哪块"垃圾"上面都成,因为它大,丢不了。故而,每每有同事当我不在时帮我找东西,我总能"一语中的",背出它们大致的位置。我模模糊糊地知道,这样的乱放,就是因为顺手,因为我想看见什么就是什么,或者我喜欢在某块地方把茶叶和几支笔混放,换了地方我就找不到,一定会引起焦躁不安,没啥道理可讲。

每一次大扫除都是一场灾难。所有东西被明确归类,精确到哪个地方有几份、几件,可是,那些我最中意的稿子和马上要回的信件，我抽不出来了，有时候甚至埋头翻查半天，万分焦虑，感觉这桌子哪里是我的？进而影响了情绪，整天焦躁着要重新搞乱每一个整齐的排列……

好在，"恢复"散乱而模糊的摆放东西的过程，也不算太长。不久，它们又都乖乖地沉睡在我习惯和喜欢的角落了。就算积了点灰，卷了角，甚至沾上过打翻的茶水而变得发黄，我还是能够在要用时，把它们"呼唤"出来。

一个文字匠生活里的很多侧面，大概都与整齐、精确无关，毛毛糙糙，看似杂乱，但它贴合着个性与人情，反而是独特、有趣，充满温情的。

家里客卫有一个六斗柜，老人按一个大体的顺序来摆放洗漱卫生用品，每天洗澡后要使用的吹风机究竟搁在哪一层，从来都没明确过。所以，哼着小调，像猜谜一样地把一个个抽屉打开找吹风机，成了我每晚的一个乐子。有几次，干脆就口中随便说个数字，比如"3"，博彩一样地去打开第三层抽屉，没有？再说"5"……如果非逼着老人把吹风机放在固定抽屉，说不定就扔过来一句老大不乐意的"我岁数大了，记不住"，好吧，有着猜谜一样的生活节奏，多好玩？

买回来一本时髦菜谱，学着做菜。第一次依样画葫芦，看书上说"盐5克，糖10克"，一下子就犯了晕。盐糖罐里那把勺子从来就没有刻度，到了该放佐料时，哪家不是凭着感觉抖那么几下，咸甜酸麻，也就都伺候到位了？学做几次后，我就开始甩开菜谱蛮干。按自己心思，如果那本菜谱上写着"哆嗦半勺"或"您看着给",岂不更有意思?

当下"新生活"对于人的精确、准时、不留毛边的要求,达到了空前高度。日子过得越来越"标准格式",是不是要用车床部件一样的"精、准、狠"打磨掉所有参差的尺寸,窃以为这事儿还是得"看着办"。

好友小 M 有永远掐不准时间的毛病,她的误差却有规律,总不会超过一刻钟。刚开始时我埋怨过,她不好意思地买来咖啡作为迟到的赔罪,脸上带着尴尬的笑,可事后死不悔改,想来要改也改不掉。毕竟不能把朋友往死里数落啊,于是就把聚会时间往前约,自己则晚出发一刻钟,就跟她的生物钟"合拍"了。国人的生活中大多有这样一两个永远迟到的朋友,这"模糊"的约定,并不损毁朋友关系,在恨不得精准到分秒的现代生活中,谁说就不是一剂人际关系的"慢药"呢?

我们痛恨短话长说,所以一百四十个字的微博推送到眼前时,真是一度感觉"好短好快活"。半年后,不仅是那些硬塞进来的广告或者僵尸粉令人生厌,而且,忽然本能地意识到表达每一个生活意见时,竟然需要算好字数,甚至数好标点。过生日时感激一下爹妈,多整一个字都不行?吐槽店家服务态度,还得分三条写完,结果还多出一个句号,卡着发不出去。纠结了一些日子后,意识到微博这只"鞋子"永远不能适合"脚"的尺码。装在这只精准的"鞋子"里,只能把脚憋出"脚气"。所以,我开始"光脚"。

在"摩登生活"中要你"格式化"生活的很多原则,有几个不是人为设计出的"鞋子"或"尺子"?就一定那么煞有介事?

就一定会为生活品质带来提升？就算那把"尺子"看上去再高大上，如果不能细量人性，恐怕也只能成为过时的"八两秤"。更疑惑的是，如果把丰富的人生状态和个性、姿态，齐齐地锯成统一的长短、快慢、强弱，那我们的生活就算被设计成再完美的一段、一块、一点，也只是毫无热力的一个个僵死程序。

在无毛边、无例外的精准划一中，我们失掉了些什么？

"人"字本身有无数种写法，越模糊，形态便越精彩多元。"人"字本身，难以被格式化。

其实，人生本来不就是道模模糊糊的风景吗？

有些面孔

德国海德堡河边石墩桥上的心愿锁

有些面孔

乍暖还寒,云朵积压着,有时有雨,坊间间或传来一些人离开这个世界的消息。已到中年的我,已然习惯于沉默,同时回想记忆中跟此人的交集,不管是遇到过,远观过,还是纸上心仪过。

那天,天气在阴晴间态度暧昧,我迈过闹市口的老牌生煎店"大壶春"门口时,意外地被揭开锅盖的那一大片水气熏迷糊了眼睛。这样的奇遇,似乎最适合记忆穿越,而我的记忆,也确实开始自动搜索起与朦胧雾气相关的一些面孔。

那是大一,茹志鹃来了,在大学学思湖边的大教室里开讲。《百合花》赫赫有名,我便一直以为茹志鹃该是个眉清目秀的中年女作家。然而,看到的是一个留着"女干部头",眉眼线条开阔、硬朗,又带了几分沧桑的她。没讲几句,她拉了张凳子在讲台前坐下了,划火柴点烟,食指和中指夹着,颇为享受地吸了几口。这让她一下子沉入了叙说之中,而坐在第一排的我,便感觉她的面容在烟雾中模糊起来。

她并未滔滔不绝。只是在烟雾中慢慢地记忆,讲得缓慢,想想停停,说话片段、零碎。我猜,许是没有特别准备过。

似乎说到《百合花》,说到创作道路,可我对此几乎没有记住什么。后半程,吐着烟圈,她忽然讲到了王安忆。这个时候的王安忆,写了《小鲍庄》,但还没有写《叔叔的故事》,名气并不比母亲大多少。茹志鹃似乎是在填补没有太多东西可讲的寂冷和尴尬,思维忽而跳跃到了王安忆。

"我们之间比较少有交流的。"她并无面对外人说家事的避忌,自然地讲来,"那时候,王安忆插队去了。隔一段时间就写信给我,总是片言只语。可是,有一次来了一封信,她写得很长,说的是一次下大雨,不出工休息,隔壁院子有人吵架了,大家都跑过去看。她不是好看热闹的人,可是,那封信里,她把吵架的全过程写得事无巨细,活灵活现……"

轻叹了一口气,茹志鹃说:"那一次,我感觉到了她在那边的生活中极深的寂寞。她从来没有对我描述过她那时候的内心状态,可是,只写这一场吵架,我懂了,被打动了。这一场吵架,我感到她写得真好。"

她打住了,眼睛里是空落的,手指间停顿着的烟灰眼看着就要掉下。她忽然猛吸一口,把火星重新救活,似乎还想多救回几丝回忆。烟雾飘出,那张朦朦胧胧的母亲的脸,和眼神里的空,从此定格。

没有几年,她就走了。

研究生二年级，随导师到了长春。首届老舍国际研讨会聚集了几乎所有老舍研究的学界专家。在拍集体照的时候，我看到了于是之。

走近细看，他几乎就是不穿马褂的"王掌柜"。料子普通的白衬衫，还算合身，眼睛细细小小，也是依稀可辨的"余永泽"之特征。只是，头发白了几多。

对着"余永泽"笑笑，可"余永泽"脸上没有表情，眼神里空漫一片。是戏腕架子大？北京来的教授提醒我：悠着点，别去打扰他。老爷子不久前演《茶馆》到第二幕，忽然忘词儿了，这一忘，就再也找不回来，竟愣在了舞台上，最后剧院不得不紧急合上大幕。后来，他就出现了交流障碍，就是那"阿什么海什么"的病。

偏偏，会议一开六天，天天看得到于是之。他总是离人群远远的，更多时间是跟年长他不少岁的吴祖光先生紧挨着坐。吃饭，喝茶，爬山，都听不到他说话。瞧得见他游离于人群的眼神，总像在寻思着什么。年轻的我禁不住好奇心，可又不得不按捺住上前搭话的冲动，便改为"间谍"一般地远远探视。其实，老头很有意思——

大会发言时，他从来不打盹，每一个学者表述对老舍的理解的时候，他眼睛睁得大大，可我读解出的，依然是他似乎在拼着全力地寻找记忆。他那些跟老舍在一起的压箱底的记忆，究竟到哪儿去了呢？有人说到"文革"中老舍遇难处，他闭上眼睛，那一刻，《茶馆》里面临人生悲难、不平时，习惯于狠命闭上眼睛的老年

"王掌柜",又回来了。

晚上观摩吉林的文化遗产——吉剧。那一年长春遭遇百年不遇的炎夏,剧场里只有电扇。吉剧的锣鼓和高音分贝有多高,见识一次你就再难忘掉。于是之等前辈坐在前面几排,热得纷纷摇起了手中的纸扇。锣鼓的鼓点疾徐不一,变化莫测,不知不觉就把名家们全"绕"进去了——鼓点密,纸扇摇得快;鼓点慢,纸扇也就慢慢地停。于是之的纸扇好大,格外显眼,然而,他挥扇的节奏跟上了满场的"锵锵锵锵锵",便颇有领军风范,像指挥般,把舒乙、吴祖光、吴小美等名家的挥扇节拍带得整齐划一,我看着喷饭,他们却都沉浸在戏里,浑然不觉。

休会期间去长白山,有七百公里路,吉林社科院没有空调的大巴得开十二个小时,只有一辆特派小车可以伺候贵宾。不用多说,众人属意于是之和吴祖光。那一天,大车被暴热下的原始森林沙路磨爆了几次轮胎,一直折腾了十八个小时。每一次车抛锚长休,都能看到于是之。众学者嚼饼干,他也干吃;女士们用山泉水醒面,他也照学。我逮着空终于凑到他面前自我介绍两句,他握住手,点点头,笑容有点木讷,结巴地说了句:"对不起,我,说话不,不太……"

他在长白山的大瀑布下,沉默地看着。穿着白衬衫,再没有了潇洒的大幅度的肢体语言,和铿锵的台词。大瀑布激起的烟幕,一阵一阵,老人的身影时而清晰,时而模糊。

五年后,于是之再度出山为北京人艺的新戏《冰糖葫芦》客串尾声中登台的"群众演员"。为同事救急采访的我,临时充当了一回戏剧记者。长途电话拨通北京那头时,老爷子通过爱人转述,马上认出了我。他不能接电话了,因为已经基本失语。但是那一次采访有半个多小时,他竟然坐在电话旁,靠手势和脑海中闪现的一星半点的词语,和老伴的转译,帮助我完成了千字采访稿。我看不到他的面容,唯一能听到的,是有时候他凑近听筒的呼吸声……

十几年过去。有一天,他离开了。我想翻看在长春与他有过的一张合影,竟然找不见。看着晴朗的窗外,怅然失神之中,那个穿着白衬衫,不说话的,眼神空空的于是之,显影在了空中,刹那便不见。

不说了。扯远了。远远近近好些人,怎么突然想到这不算熟悉的二位?

有些面孔,曾经不免朦胧。经年之后再看,它们却清晰起来,可爱起来,质朴起来,隽永起来,也实实在在地温暖起来。

我们失去了一些坚实的背影

他的精彩是在人生的后半程。包括《追捕》,都应该被一门栓闩在外面。那绝不是他最好的角色,不管是电影的,还是人生的。

人到中年的他总是那么沉默。你知道的,在大银幕上沉默,装一点会变成二傻。过一点,会变成二傻他叔二愣。但在高仓健这里,他把装傻充愣的那些蹩脚演出远远地甩在身后。

骨子里,他就是一个人。这跟他的人生轨迹对得上号。

他基本上没有什么装备,就这样上路。形单影只,落日余晖照在算是魁梧的亚洲男人的肩膀上,落在地上的影子,却也是刀削斧砍,直来硬去,几乎看不到一根柔和的线条。

看不到他乜斜着眼睛看人的一个镜头。哪怕他是来自监狱、逃亡、病患、家破人亡的远处,哪怕他饥寒交迫,窘迫到了极点,也不会在满身尘土中抖落出猥琐二字。他的眼神里只有"不说",他的背影里塞满了"承受",他难得的一个笑容,重得几乎是已经把人生的痛全部翻了一个个儿似的。

《幸福的黄手绢》里,有一个二愣子兼矮穷矬,在他身边小丑一般地陪衬；《致亲爱的你》中，还有一个抛家弃女的胆小鬼，在送妻骨灰回家的他身边相形见绌着；《海峡》里，戴着安全帽的他几乎全片都少言寡语，扯着嗓子叫嚣的同事，都被淹没在他失语的气场里。

如果把日本影坛那些最风流倜傥的男演员放在他身边，那不叫对手戏，那叫伤自己。还好，这种清醒在还算把握有度的东邻影坛，不怎么发生过。这也注定了他成了银幕上永远孤寂的男主角，没有之一。

如果只是这样，依然成就不了独一无二的高仓健。

他的好处，不在硬朗到失真，不在沉默到无趣，不在孤独到孤僻。石头搓去泥土，依然有圆弧线隐没于棱棱角角；钢块在人生的炉膛里淬火，内里是赤红的液体，滚烫流动；生死爱恨的极限时刻，在那个硬得石头一样的背影里，读得出永远的隐忍，读得出最深的柔情，读得出无奈却不放弃希望，读得出置之死地而坦然接受最坏的结果，却依然在脸上留一抹尴尬的笑……

在田岛耕作的牧场上，他与风霜雪雨中滚过的一张倍赏千惠子的脸，成了对于沧桑和暖晴之间苦苦追索的中年男女的最好写照。那锈蚀过、绝望过、跌落过的内心，在残阳照耀下，依然舒展成了远山，田野，牧场，和屋里炉子上炖着的茶。那时候的高仓健，是一个过早苍老的中年汉子，背影斑驳，步履踉跄，却不只在风吹雨打的女人面前被激发了雄强，更温煮出温柔。只是，这温柔，在被警察带走的结局中注定了只能是一站小憩。这以后，只有被残酷人生逼压着继续孤身上路。他的旅程仿佛才刚刚开始。

在仓岛英二背负妻子魂灵,终于在亡妻故乡的老照相馆里看到了少女时代的妻子旧照,喃喃自语着"终于看到你了"的时候,时间在八十高龄的高仓健这里似乎停顿。他依然只是一个刚刚退休的狱警,似乎刚刚从数十年刻板如一日的生活中全身退出,借着妻子灵魂的返乡一路寻问人生真谛。闪回中唱着民谣的田中裕子,是风雪黄昏夜里一星摇曳的火苗,每一个举动都是慢,都是柔,都是微笑,尽管带着病魔缠身的痛。在死寂生活中曾经因为爱而心火闪动的仓岛,没有在她消逝的歌声中老去,他来到了海边,看大海,看故人,把爱人的骨灰撒向那茫茫一片碎银,看到了人生尽头的美。彼时,那个不再轮廓坚硬的高仓健,在似乎充满了"路已尽"的不祥感的氛围中,慢慢地来了一个转身——他回转身来,心中装着"漫漫人生路,行行复行行,今日吾亦往,重走此间路"的诗句,虽死犹生、虽生犹死的了悟,继续上路。

从四十多年前开始,他就是一人上路。不管是在银幕,还是在爱的生活里。

他身上似乎有很多个谜,可看穿了,不管是作为演员的高仓健,还是身在凡俗的那些最底层的角色,他们没有挤眉弄眼,无病呻吟,弯弯绕绕,掖掖藏藏,他们只是用一个迂执或极端的行为,酿成了他们以为会毁掉自己一生的后果,在漫漫人生的后半段,这后果又因为人性深处的善,怜悯,与承担,而转赠予内心释然、解脱与平和……这些形象之所以立得起来,就因为在高仓健的角色世界里,那些没有多少教育履历的,从面容到社会地位都不起眼的人们,他们一意地拗直了肩膀,正面碰撞厄运和艰难,哪怕只是为了一个温饱的理由，一个简单到傻气的誓言，也就此忍受，沉默，远离，或漂泊。只是，正直依旧，心中那一豆温煦的火苗，未曾熄尽。

不敢说我们身边如今还看得到几个这样的肩膀。可是，从去年某个电影节展映片影院里，望着这个肩膀的一片唏嘘里，我感觉到他是这个充满了阴柔和不确定性，充斥着造作和无特操，满眼是作秀式的"小鲜肉"的男性群体里，依然灵魂不散的坐标，只不过前面得加上"另类"这个修饰语。

我们失去了一些坚实的背影，那是因为，也许我们生存的环境已不再那么严酷，严酷到爱藏于深处，善包裹于沉默，温柔隐身于刚硬。可是，在这个充满太多"暖宝宝"式雄性动物的当下，在号称"暖男"与"鲜肉"遍地，可依然偏冷的这个世界里，我们依然希望高大、苍健而温热有力的背影，能够在茫茫人群中转身，在这个也许不合时宜的时代，露一面孔尴尬的笑。

写于 2014 年 11 月 10 日高仓健去世消息传来当晚

另一面的闵惠芬

见到闵惠芬的第一面,是在国际航班上。

2001年农历小年夜,飞往维也纳的汉莎航空人满为患。因为第一次大规模开赴欧洲,上海民族乐团的演奏员大多兴奋而好奇地在机舱里喊喊喳喳。跟我隔着走廊的前一排座位上坐着一位老太太,却早已换好了宾馆用的轻便拖鞋,不紧不慢地拿出小塑料袋,兜住边缘,气定神闲、又不扰他人地享用着自制糟凤爪。

看那样子就想象得出鸡爪有多好吃,还没分发到飞机餐的我咽了下口水。忽听前排演奏员回转身跟老太太嬉皮笑脸打招呼,都喊"闵老师"。闵惠芬毫不见外,伸出塑料袋示意对方分享鸡爪,笑得眯起了眼睛。"这老太太会享受日子,可是,这哪有二胡大师的范儿啊。"我心里有点疑惑。认识闵惠芬后我才理解,她经常出国演出,机舱十个小时的苦熬是家常便饭,把居家范儿挪到天上,让她感到自在、舒适。

大年夜的维也纳金色大厅舞台,爱啃鸡爪的老太太用毫不含糊的《赛马》,抖落出二胡大家的范儿。演奏时她信马由缰,谢幕时她则一派轻松，嬉笑里看着倒似乎带点嘲讽劲儿，"你们勿要瞎起劲，听得懂伐啦？"好像就这个意思。

我当时看得激动又疑惑：可亲可敬的老太太，不露山水，不迎不媚，不威不躁，只把两根弦抖得荡气回肠，这老太太，有意思！

2003年，因为操刀名人采访，闵惠芬再入眼帘。老太太随和，我也就肆无忌惮。当时切入采访角度的"妖点子"是，让她把已是中芭交响乐团首席指挥的宝贝儿子刘炬喊回来，"扯"在一起，给我当一回"母子档新闻专访"的活道具。

老太太很爽快地接招，并笑嘻嘻地补上一句："到刘炬家来，我们包馄饨，一起吃！"

三四斤皮子，和好了菜肉馅，闵惠芬用圆圆粗粗的手指拿捏出一个个小猪似的馄饨，忙着在一边拍照的我偷咽下几口口水。三十出头的刘炬不习惯这样的"摆拍"，腼腆而少言。老太太却毫无镜头障碍，松弛快活，包着包着就忘乎所以，开讲故事。

于是，我见识到了一个别样的闵惠芬——

1970年代，还待在中国艺术团的闵惠芬常住北京，上幼儿园中班的刘炬被扔在南京外公家。毕竟是自己的独苗，哪怕是短暂探亲，闵惠芬都会抱着刘炬上街转悠。有一回，小刘炬在她怀里看着穿梭的车流，忽然兴奋地开了嗓，"可吓了我一跳。第一首唱的是《唱支山歌给党听》，唱不下去的低音，他那小嘴发出'气——'来代替。第二首《春江花月夜》，他边哼哼，边挥手，长音时竟然还来了个琵琶轮指的动作。我想这小子乐感和节奏感不错嘛……"

闵惠芬说着，双瞳流溢着灿烂。

上小学三年级，刘炬回上海与父母团聚。听音乐会，陈燮阳在台上，他就在下面激动地跟着挥拍子。电视里播小泽征尔、卡拉扬，他都把小板凳搬到电视机前第一排，跟着挥舞已经听得滚瓜烂熟的曲子。闵惠芬不声不响，买来"板砖"小录音机，交给刘炬的第一盘磁带里，有科萨科夫的《天方夜谭》和贝多芬的《命运》。

闵惠芬和爱人勒紧裤带，花了千把块钱淘来一架施特劳斯旧钢琴。才十多岁的刘炬"无法无天"，跟上音一帮名师子弟天天凑在一起，喊人来听交响音乐，把家里搞得乱糟糟的。闵惠芬毫不动气，还经常为这个特别的音乐沙龙奉献香喷喷的红烧肉。

"有一天早晨我打开儿子房门，这帮小发烧友，你猜怎么着？他们听了整夜的唱片，不知不觉地在床上、椅子上、地上横七竖八地就睡着了，房间里一股'跑鞋味'。哈哈哈……"

她笑湿了眼眶。十几个馄饨已经摆放在手下。

刘炬听老太太当面出他的"糗"，也就放松起来，曝光些细节——"无论到哪国哪地演出，妈妈总给我买回唱片、CD。第一次出境访问香港，妈妈什么都没舍得给自己买，却用所有的钱搬回来一套在内地看了让人咋舌的高级音响。还怕记不住装配方法，在香港请人花了整整一天时间把机器装好，在密密麻麻的接线上做上标记后，再重新装盒。那天音响器材进家门，我简直惊呆了……"

馄饨越做越多，"故事"说到了水沸腾时——

就在十龄童最需要母亲扶助的时候，闵惠芬罹患癌症倒下了。之后六年，六次手术，十五次化疗，她挣扎着，抗拒着。刘炬报考中央音乐学院附中并离开上海,也就在其间。母子聚散是经常的一幕,却依然平淡。闵惠芬房间里,笑声总是不断的。

"小刘炬每次到医院来,都一副开开心心的样子。康复后,我终于忍不住问他,有没有想过妈妈会有危险,会离开?他说,我一直相信只要妈妈住进医院,打针吃药就一定会好,所以见到妈妈就高兴。这种天真,给了我很大的安慰。"

说到这里,为母亲的闵惠芬,目光停留在刘炬身上,笑容不见。

刘炬咧嘴一笑:是妈妈整天乐呵呵的,像没事人一样。"母亲出院后看我练琴,发现我对二胡等行当主意很大,犟头倔脑,就常常同我争辩。可她受完'气',还总是乐呵呵地表示:'我愿意你这样。'"

儿子出息了,离开身边去了北京工作。有一次闵惠芬在林肯艺术中心献演,主办方得知刘炬也在美国,要求加演母子合作版的二胡曲《三六》,闵惠芬演奏高音二胡,刘炬操低音二胡。"那天不知怎么了,刘炬赶到剧场时竟然忘带乐谱。这曲子难度较高,每段开头都颇为相似,绝不能'绕'错,而偏偏刘炬已经对它有点生疏,一时,连我都吓得双手冰凉。"镇定之后,闵惠芬倡议开演前即兴背谱,让刘炬把每段开头重记下来,简单合练一番,就上了台。那天,台上四目相对,互相激励传情,让刘炬超水平发挥了。"虽然很成功,但我俩心照不宣,这是我们的一段秘密。"

老太太一得意,就眯缝起眼睛,像个孩子一样天真、傻气。

闵惠芬包的馄饨和做的霉干菜烧肉,是一绝。那天,出锅的第一碗是给我的。味道么,却忘了,只是记得,透过馄饨汤的热气,闵惠芬那张挂着两个重重眼袋的,乐呵呵的脸。

飞机上那个啃着鸡爪的享福老太太,已经完全对上了眼前这个在好玩的性格后有许多沧桑,在许多沧桑后却依然好玩的,傻傻而天真的银发母亲。

之后十几次遭逢闵惠芬,都是公事和公开场合,有啥好写?

我只记得闵惠芬的这"另一面",就够了。

关于母亲的倒叙

三块钢板,二十二个钢钉,支撑起了母亲七十八岁的双腿。拄着拐棍,她买来一把芹菜,几斤虾,微笑着跟小区里每一个擦肩而过者打招呼。母亲的笑意里,阳光盈盈。

这是今天,雨中一幕。母亲的概念里没有什么母亲节,她只知道,赶快回家烧饭,给八十四岁的老伴吃。儿女们也许会来,也许会忙他们的。

她躺在床上,像婴儿一样任儿女们侍弄。等待手术前消炎的一周,下肢四处骨折加骨盆骨折。唯一用来缓解剧痛的,只能是十几条垫在各个痛点附近的小毛巾,并且隔几分钟就要调整垫法,或者要求把断腿扭转一个角度。"来,帮我这里垫高一点。"每一次,母亲望着天花板呼唤我们,脸上带着纯净的笑,笑里掩盖了所有关于疼痛和折磨的秘密。

邻床的痴呆阿婆哭喊,拍打床铺,说胡话。母亲在疼痛间隙细声劝慰:"三床阿婆,勿响,听话噢!"有时候母亲甚至哼歌,让病室里安静下来。

这是四年前,一场车祸过后。母亲自此从还能骑车变成双腿残疾,但见到儿女气喘吁吁上楼后出现在病房门口的那一刻,她的脸上总是带着平静知足的微笑,笑里还有满满的疼惜。

我闷闷地躺在父母的床上,许久不说话,一下午,看骄阳变成了夕阳。母亲以为我头疼犯了,进来帮我按摩太阳穴和虎口。我说没用。她不知如何是好,问倒点水给你喝好吗,削个苹果给你好吗,弄个热水袋给你垫脑袋下好吗。

看到我起床吃药,母亲不懂外语药名,只是跟着我,看着我。

"你要好好的。"她终于蹦出那么一句,"一切都会好起来的,不要七想八想。你要好好的,听妈妈的!"我木然地点点头。

这是六年前,被一场股灾消灭了几乎所有资产的我,连续失眠两个月后探望母亲。送我出门,母亲有点迟疑,对我笑笑,骑上车为姐姐去打理家务。我看着背影发呆,猛然惊觉提包拉链没拉,却发现里面多了两个橙子,还有一小包牛肉干、几卷山楂片。古稀的母亲竟然用对付小孩子家家的方式来宽解成人的儿子,看到这些从小爱吃的零食,我失声笑出。

天色发黑,暴雨如注。我在教室里闷头多做了两个小时作业后,犹豫地走出校门。金沙江路好长,雨雾中睁不开眼睛,身上很快就湿透了。反正心情也是潮闷,就让风吹雨淋好了。我想。

空旷的路上似乎无人。艰难移步到离中山北路还有两百米时，合撑着一把伞的两个熟悉身影出现。越来越近，辨认出是母亲和姐。

接过她们送上的伞，一起回转。我无话。母亲帮我捋了一下黏在一起的湿发，轻拍我的脸，道："家里饭菜都烧好了。大人的事，别影响到你……我和你爸，不吵了。"我看着母亲，有点初显苍老的脸，目光慈爱，嘴角保留了一丝笑意。刹那间，心头有点不忍。

这是三十年前，家中一场"战争"后，内向的我负气留校，母亲寻来的一幕。相差六岁的父母磕磕碰碰一辈子，但从那次送伞后直到我大学毕业的若干年间，母亲立言落地，她和父亲之间果然熄火多年，家里再也没有爆发过八十分贝以上的刺耳之音。

我知道母亲隐忍了许多，她带给我们美食、操劳和微笑，那个时候的她，沉默地收藏起了自我与不甘。

我挥手向相处了多日的小病友们作别，跟着已经二度"进宫"的年龄最大的哥哥，走出了被我们琢磨透了的住院楼。脱掉病号服淋浴，换上消过毒的自家衣服，走出了浴室的那扇小门，母亲，在阳光下等着我。

整整三十天，没有见到母亲。传染病分院规定，隔离住院期间，家属只能送东西，不准探视，连隔窗探望都未曾有过一次。我只有在每周日下午"放风"发各家送进来的糖果时，才知道母亲和姐来过。第一周母亲没弄清惯例，水果只送了六只，因为她以为可以提前来看我,周日护士便说,十一室二床没有水果吃了。第二周周日,护士说十一室二床今天吃一个苹果一个梨。正在想家掉泪的我,眼前出现了母亲送进八只水果的画面,破涕为笑——我想象着母亲一定是一脸天真的笑,跟护士说着:上周少了一只,我多送一只就补上了……

母亲瘦多了,看我头发老长,用手比划了一下,笑容在阴影里绽开。住院期间我胖了些,又长个了,母亲怕长路骑行会摔着我,便让我坐自行车货架上,她推着我,一路从同心路走回曹杨路,那是一段将近九公里的路。我兴高采烈地讲住院故事,母亲推得又快又稳,一句话也没有接,只是经常回头看我,笑得心满意足。

那年我九岁,一场甲肝给了我离家一个月被隔离治疗的经历。大姐后来告诉我,在那时严苛的规定下,每次探院都看不到我,母亲每天晚上哭泣。但我所能看到的,只有母亲的笑脸。

关于母亲,这些也许远不能穷尽,但有这些,我想也已经够了。

够在寒冬取暖,够在炎夏去火,够在金秋沉思,够在盛春,呼吸这人生的,简单而温暖的芳香。只要她是,我一直微笑着的母亲。

这一杯敬你

人到中年，告别的次数便多了。未曾想有一天，惯于呵护我们的老班主任会忽然远去。

那天上午晴冷。龙华龙柏厅门口，几十年不见的中学66届某班师兄怆然涕下。擦干眼泪后，则因为他们共同深爱的一个名字的离去所创造的一个机会，让大家开始互相"数着银发认面孔"。悲怆、温情、痛苦、惊喜，羼杂在一起，又渐渐在哀乐声中被抚平。

许是因为88届还只是四十多岁，还没有太多沧桑的岁月相隔，我们暂无长辈学友的"指脸相问"，只知道，在他们那里视为心灵依靠的班主任汤老师，对于我们，就是一个可以在他面前没大没小、无拘无束的——老汤。大家把记忆的时钟回拨几下，便很容易让昨天再来，老汤就像一个昨天还搂着你肩膀，并教我们沽酒品人生的好友，突然消失不见。

跟着黑压压的人群，看到了老班主任的脸，泪水马上收住了。二十天的抢救，完全把他折腾得没有了人形，眼前是一个被化妆化得走了形的面孔。这倒使大家都收住了一点悲伤，觉得所见并不是老师最后一面——我指的，是那淡然笑起时，所有皱纹都如菊花般开放的老汤那鲜活的容颜。

送别老汤以后，88届同班十来个学生约定去徐家汇吃饭。我有事先行告退，但是，一边在寒风中离开殡仪馆，一边想象着大家聚宴的样子。一定会喝一点酒吧，我想。

因为，我们的班主任生前酷爱喝酒。美酒当哭，或者当笑，老师在九泉之下，无论如何应该是喜欢的吧。

我不得不写老汤的理由，恐怕会让不知情者匪夷所思。不纯粹因为老汤和班主任这个词的关系，更多还因了二十七八年前，老汤和老酒，以及老汤、老酒和我们，三者间，有浓得化不开的情愫。

除了喊声汤老师，我们经常没规没矩地叫他老汤，他不生气。

教语文，班主任，老头——至少他带我们班时四十八九，看上去已是五十七八。

老师的酒名，是盛传于当年的华东师大二附中的。据说，中午在语文教研室他都会喝上一杯白酒。从未在中午去过他办公室，这一点我无从验证。但晚上，他少不了与酒作伴。更特别的，是老汤并不避讳自己的嗜好——

"喝一点酒，每个人一生中都难免。男孩子更应该尝一点，不然你们长不成男人。"酒过二巡，老师脸上漾着红晕，带着淡淡苏北口音的"开导"，犹在耳边。

高中遇上有联欢的日子，就算学校不组织，少则十来个同学，多则大半个班级，都会来个聚餐。那个时候气氛再热烈，汤老师也从来不喝酒，不在教室里说跟喝酒有关的话。他与我们的酒缘，是在一次次的出游、访学中碰擦出来的。那年头校外活动多，跃出学校这堵围墙后，经常一身棉褂或白衬衫、胡子拉碴像个老农的他，却是一个白日放歌须纵酒的"年轻人"。张罗好餐饭，总不忘叫上一些黄酒、啤酒之类，偶尔甚至有白酒，跟早已越过十六岁门槛的同学们一边喝，一边说古道今。打趣的话忘了不少，酒香却深深定格在我们的记忆里。

脑袋里抹不掉的，有那几次。

一次是去绍兴访学。二附中高一是不上普通语文教材的——由于老汤力行改革，中学阶段的鲁迅入选文章被集中于一年进行专题式教授，进而升级到看鲁迅选集和杂文集；学年末，学生则用做论文的方式完成语文考评。故而，连寻常的"春游"，也变成了全年级鲁迅故居访游，在外吃住游访四天，队伍浩浩荡荡。

那一次，咸亨酒店里所有的放肆，都意味着我们向长大迈出第一步。老汤买来几十串门口现炸的臭干——臭得让人捏鼻，入口则香得令人叫绝，是上好的下酒菜，他见一个学生招呼一个过来吃，一边吃一边聊鲁迅，讲绍兴、阿Q和魏连殳。后几天，他一次次掏空腰包，点上"咸亨"的招牌菜——菜肉百叶包、茴香豆、盐水花生，要求我们每个人都尝试用大口碗，至少消灭掉半碗黄酒。在他灼热的眼光下，不是抿，而是啜，进而能闻香识酒，变成大口喝。而那句"男人都应该尝一点酒"的名言，同时穿肠留脑。

学生家境各不同，老汤不管，一律叫上桌子，他埋单，谁都可以来吃。见有人怕生、露怯或木讷，他偏偏盯住聊家常、问父母,直到那个学生跟满桌人已无生分,也就神态鲜活起来。那阵子,绍兴还有点春寒,一点热酒暖胃,看出哪个同学有点上脸了,老汤则会安慰他们说"没事没事",劝告"黄酒不要猛喝,易上头",或者"多吃菜,自然会镇定下来"……说来也怪,就算老汤会对从不沾酒的学生稍劝一点酒,也没见到学生在他的桌上大醉过。这分寸,他是怎么拿捏的,我至今想不明白。

老汤主政的二附中"继风"文学社,有过昆山、苏州行。美好山水间,老汤每每跟学生就酒说掌故,喝酒谈人生。当然,那时我们只听得懂一半。那时当教师的薪资实在不多,有时,他身上的银子不免有点露底,"山穷水尽"后,学生们主动上场,凑起身上不多的零用或者旅费,点一桌朴素的饭菜。老汤不跟我们生分,依然谈笑风生,只是,学生点了饭菜,他大多不再点酒。后来看现代文学,知道了不管鲁迅、郁达夫还是老舍,早年也都有过拮据得在小酒馆门前数着碎银喝酒,算计着点菜的时候。可是,人生还是会因为有着烫人的玉液琼浆,而变得醇香,醇香得减淡了哀愁和苦楚。

高中尾声,班里自组青浦大观园"红楼游"。那一次,新落成的大观园空空落落,没有原著半点影迹可觅。然而,中午在大观园里的那顿聚餐,同学或与老汤围坐一桌,或隔桌频频敬酒,终于难得地把老汤给喝高了——其时,离高考没有几个月了,推杯交盏间,他细数往事,时而望着我们,欲言又止。有个哥们儿买了顶"雷锋式"冬帽,老汤醉眼蒙眬,饭桌上就一定要看他试戴,看了不喝彩,实话实说"不好看",然后要求全桌学生一个个试戴,而他,就像看着自己孩子一样,一个个地点评学生脑袋大小,尺寸是否合适，戴上是"帅气""英武"还是"滑稽""丑"。他高兴得很，说话朗声，喝得酣畅，全然没有注意到当天不远一桌，坐着正在拍摄电视剧《家》的剧组成员，已经是当红演员的陈晓旭、张莉慢条斯理地吃着午饭……老汤的眼睛里因为酒热而布满了血丝，听到我们放纵的笑话或者调皮的趣话，那张笑脸像极了语文课上所授的"风干福橘皮"。

那天午后的自由活动延长了半个多小时，因为扶老汤休息的班委干部说：老汤喝高了，表征就是看到谁都"呵呵"傻笑，得让他多休息一会儿。因了他的醉，我们延迟返程时间，都去邻桌看陈晓旭、张莉。我近距离地瞄上几眼，感叹原来演员的脸比电视上看到的还要小得多，相比之下五官则要大得多，大到比例失调，这是头一回让偶像破碎在酒后的清醒里。陈晓旭、张莉并不避忌，樱桃小口微张，慢条斯理用食，与旁观的学兄学妹们相安无事……等老汤醒来，这一桌热络的酒气，和邻桌陈晓旭们冷淡无话的《家》宴，各自散了。此后直到毕业，我不记得还跟老汤凑成过一桌没有。人生冷热，自此无数次在我们各自的饭桌、酒桌上上演。

老汤为啥爱酒，还常常喝多？我们起先会在私底下嘀咕。

老汤给出的不知道算不算答案，但总是这一句："人的一生不在于活得长久，而在于活得有意思。"

听说，他曾经是华东师大中文系的高材生，那个年代的耿直坦荡，为怀揣文学梦的他带来被发落到中学教语文的待遇，然后就安下心来，不声不响地教了几十届学生。

他家住上方花园，自行车往返于淮海路和枣阳路之间，春夏秋冬经年如一，与学生、文章和美酒作伴，把这一切当作了有意思的人生。而酒，始终是他交往最深的"君子"。

现在想来，老汤关于人生"得过得有意思"的表述，在酒过三巡后品咂，大概是"有滋味"的意思吧。高中三年，老汤"灌"给我们的不是时下所谓的"文学常识"，不是僵化教条和无条件的顺从，是一学年活学而深入到百草园、三味书屋所拾掇起来的鲁迅，是有滋味、会思考、会品味咂摸人生的姿态，是可以面对面跟他叫板、质疑甚至争得面红耳赤，是在他接手高中时因混班而男女生互不说话时，润滑这个班级气氛的开朗、醇彻与阳光的话语，与些微酒香……

我常常禁不住会想，因为教学生初品酒意，这样的班主任，照今日之标准，能不能在学校待得下去，大概也成问题吧。可是，在多年前几乎完全没有利益交换的师生关系里，在我们还不懂得人生时，他传给我们一副"酒香人生"的衣钵，正可以让我们于懵懵懂懂之间，初初地看到一点不同于现实的人生颜色。透过一点酒香，他带给了我们之后的人生，正直中有豁达，互敬中有互爱，友善中有诗意的 a 小调、B 大调、D 大调，或曰 8 度鲜啤，14 度干红，56 度浓香……

十分后悔，送别那天，太应该扔掉工作的事，跟同窗们喝杯酒。因为，我们都是老汤的孩子，和陪他走过一段酒香人生的小朋友。更不免遗憾，老汤棺木前，应该敬上一杯好酒。

让他仍能闻到酒香，远远地俯瞰着我们，哪怕被精心画过的病容，一闻那人间的清冽，仍能笑成一朵菊花。

当清新之爱已成绝唱

昨天，在删除一堆"王全安回家后怎样才能妥妥的""文章复出新片见面会，那事儿就算过去了吗"之类的旧微信时，突见微信上一片"锋菲恋死灰复燃"的刷屏，叮咚、叮咚地跳将出来。奇怪的是，我的八卦发动机似乎死机，对于分别已是一群孩子爹妈的两位大明星的劲爆新恋情，无感。

就那么一条一条瞄一眼标题不打开页面地掠过。突然扫到了一条图片特别多的陈年照片组合，被那一条吸引，几分钟没有换页。

如果跟 90 后、00 后说我在看山口百惠和三浦友和，也许会被嘲一句：外星人知道是谁。

可我估计，他们看到了我说的那两个人的照片，还是会被电到一下的吧。他们，长得不是特别的完美。山口百惠跟美艳无关，在 1970 年代末那时，中国观众对性别美的理解大多止步于"浓眉大眼""圆脸、鹅蛋脸、瓜子脸"之类，她一开始是被视为有奇怪的小眼睛、厚嘴唇的。一直到《绝唱》之悲情倾倒了一大片，才开始有了"看着挺舒服"的评语。然后,我们便用"有点像山口百惠"来评点《牧马人》里的丛珊。甚至若干年后还在用这个标准,给《红高粱》中初出茅庐的巩俐归类。在歌唱界,我们又用"唱得真像山口百惠"来对号沈小岑、张庆翻唱版的《血疑》主题曲《谢谢你》。其实,心里有点小别扭,因为当时,全中国听歌曲的耳朵才从郭兰英转型到朱逢博、李谷一,一下子跨越到喑哑、本色且没有特别用力唱法的百惠式情歌,总觉得不够高亢响亮。然而,终于还是习惯了这种自然的,像说话一样的歌声。

三浦呢,形容可谓精致,在时装、古装里无不如是。特别是当看上去没有什么个性的学生装,配上一顶日式角帽穿戴在他身上,青春与英气无可匹敌。不过,他毕竟不属于顶天立地的偶像,身躯毫不伟岸,还常以涉世不深、一脸无辜的少年郎的形象出现,即便在《血疑》里耍过一点狠和酷,可骨子那股乖乖男的正气与安静,还是盖过了浪子的外形。那个时候就认定了,三浦是演不了坏人的。

线条简单、笑起来虎牙尽露的山口,与似乎停留于多情少年的三浦,成了奇妙而超稳定的配对。在他们风靡中国没几年的当口,就传来两人变成有缘人的消息。而且,红到不能再红的山口百惠竟然在嫁做三浦妻子的当日,宣布了退出演艺圈。

那时没有人去质疑,只有一片惋惜之声。如果放到现在,一定会出现"炒作""假退"等各种质疑,各种揭真相。那个年代在中国的银幕之下,结婚是一件不容置疑的、重要过一生中任何承诺的事情,哪怕物质还是极为匮乏的时代。时值1980年代初,国门初开,谈情说爱的小窗也悄然打开,不仅是山口百惠和三浦友和,就是把他们的照片变成跟月历有关的那张小单片压在玻璃台板下的中国青年们,同样是清新得一塌糊涂。这个清新是什么?是握住了你的手都能感觉人生的美好,是一起走一走外滩黄浦公园都算是种浪漫,是拎着烟酒"上门"就标志着基本准入姻亲之门,是多少对"对象"踩个黄鱼车就把嫁妆运了的欢欢喜喜。当然,这跟同时期银幕上的恋爱几乎是一一映射的,不管是流浪汉拉兹和丽达,逃犯杜丘和真由美,还是《甜蜜的事业》中在树林里追着跑的招弟和男友,质朴,实诚,死心眼。但最惨烈、悲情到让观众哭得稀里哗啦的,莫过于旁白中逝去的栗原小卷版的生死恋,莫过于三浦少爷抱着逝去却被打扮成新娘的百惠版小雪……

那时候很少有人对三浦夫妇的"隐身"加以议论,大家都实诚地过着日子,他们在中国真的渐渐被忘却了,一忘就是二三十年。直到2006年,日本狗仔抓拍到的山口百惠已经变成中年戴眼镜大嫂的照片被曝光到中国网民面前,直到去年发福了的三浦君终于出书说说家事的时候,我们才惊觉时间过得有多快,而他们走得有多决断,三十四年就没有回过头。

山口百惠太狠了,这么多年白白浪费了可以大红大紫的年华,硬把自己给憋成了一枚黄脸婆——指点着山口当年清纯的照片,这样的叹息也是一种代表性的声音。

按"成功时代"标配的价值观来说,三浦夫妇的抉择,执拗得有点傻气。在最好的时候,不把自己身上的成功因子发掘殆尽,不去赚也许不必过于艰辛就可以到手的片酬和出场费、广告费,不闹点今天结、明天离，今天隐退、明天复出的风雨，甚至都不上网晒晒恩爱或孩子照片，给这个世界增添点话题……这样的日子，跟他们结婚前比，一定是不够精彩、热闹、奢华和光鲜。可她是真的不留恋，真的不想留，她不情不愿，但还是被拍到一个扔垃圾袋的肥肥模样，或者是手插在口袋里无精打采地挪着步子，在现在的我们看来，这真的是自讨苦吃。

直到忽然又看到了这样一条长长的关于他们年轻时候的图集，我才感觉心里有一种什么东西被狠狠地撞了一下。这个时候，我忽然觉得刚才所有那些关于他们的困惑，那些悻悻的嘲讽，那些暗暗的惋惜，反射的只是我们自己的变化。是我们变得太多了罢。

这二三十年里，关于我们自己的生活与爱情，原则与理念，发生了太多的变故。这个世界是怎么变的？辗转反侧，一言难尽。其实空气都变了，人心之变也很正常。如果大而化之，无非是看多了，想多了，做多了，经历多了；看客的心多了，表演的台大了；愿意将生活装上舞台，扮演到自己都欲罢不能的一幕幕、一出出，也多得多了。我们的生活中充满新闻，习惯了有料和有戏，台上那个圈子越来越喧哗，正面负面真的假的表面的骨子里的形而上的形而下的一股脑儿端上来的时候，生活和爱情真的如真似幻，打造出一个个你可以真演可以假演可以被看被议论的丰盛的人生。

而偏偏，那两个当年的小清新守着一份远离演艺圈、过自己小日子的心思，一点都没有变。终于实诚到再被看到时，已经是那一份松松垮垮，老迈平凡。他们还是不免在娱乐版上，被当作娱乐新闻来读。娱乐新闻能读到什么？无非做戏，看戏。我们看了三十年别人的戏，回过头来，已经不习惯没有戏的人生了吧？而三浦和山口，他们的生活把做戏的水分完全挤干，只是过这样一种自在的、普通的、舍去追名逐利的，也许还有许许多多不足为外人道的艰辛的生活，拉扯大两个儿子，天天上菜场、扔垃圾，悄无声息地变胖，变老。

外人看来有这样的勇气太不容易，而也许于他们，只是淡然的"过下去"，而且看来，似乎他们依然乐在其中。如果是这样，三浦夫妇就算再老去二十年，就算已经步履蹒跚，依然和当年"小清新"的山口百惠和三浦友和没什么大区别。与此同时，我们身边的舞台上光鲜着的种种，相形之下，就不那么经得起看了。有一种高贵跟形态和装扮无关，如果用来形容三浦夫妇的平凡生活，再恰当不过。

我最终不能不停留于两人的那一张中年合影。当然，它也是被偷拍的。雨天，两人合打一把伞，三浦是大奔头，在说话；百惠是中年脸，在微笑。他俩的屋檐虽小，却用初心支撑。所以，一直是新新鲜鲜，遮风挡雨的。

他们会被遗忘，他们应该被遗忘。如果还有几张照片随风卷起，那也就该是关于清新的绝唱。

世界上最好的味道,吃起来会心疼

春节前的雨、雪,总是把上海的大街小巷弄得奇脏无比。走过几栋老式居民楼,竹竿上晾一排的酱油肉和咸鸭、咸鹅,我猜那些住户阳台的栅栏后面还封存了虾油露浸渍的鸡鸭鹅,冰箱里还保鲜着鳗鲞。闻到了春节的味道,就止不住地动了好几下喉结。

日子过得再新,物件都升级成4G和N个P,也挡不住我对这些风干、缸存、窖藏老货的垂涎。我不是干这些细致活儿的劳力,就等着春节里,这家、那家地串门,等着我的亲人们,把看上去皱巴、板硬、咸腥的干货,在锅台上变成松软咸香和活色生香。亲人们总是乐呵呵的,看着我从饭前半小时起就不断"搂菜",看着钢精锅里整碗的酱肉和鱼鲞,少掉一块,又一块。

鸡鸭鱼虾,日日可得,也就不再有兴奋点。只有这些干货,才是稀奇。因为如今的人工,一年也就忙活这一季。买盐、花椒、桂皮、虾油、八角等,选上等的好料,拾掇缸和石头,算计西北风的节点和腌渍的时间,这些,没有十足的耐心,时候不到,到了过年的饭桌上揭开锅盖的一刹那,香味就会差口气。做这些活计的亲人，基本上就是老人和妇人。她们有让我永远望尘莫及的耐力和心思，藏在这盐和酱油里，混合出令人欲罢不能的，家的味道。

腌腊是年味的结晶，新鲜烹煮的东西呢？其实，只是不太愿意回忆而已。并非鸡鸭鱼肉无情，如果添了人的手艺和心思，那就是无可替代的美味。那些人和那些料理，翻出来时，场景如烟，潮濛了记忆。

外婆是住在宝山的小脚女人，走路不比鸡鸭快，做食物的手脚却隐蔽而麻利。大年初一醒来，窗外的田野模模糊糊，我和姐起来掀开厚重的木盖，香气把我们闻得傻掉。那一大锅灶火上煮出的汤年糕，外婆用了平日不可能的奢侈配方——鸡汤。鸡是自家养了大半年的，白菜掐的是嫩叶，年糕的刀工是不会超过一毫米的薄片，鸡肉用手拉成丝，用稻草的火候，炖到汤黏、年糕糯。那一餐我吃掉了两大碗，把外婆的份儿也吃掉了。外出拿鸡蛋回来的她，看我们狼吞虎咽，脸上是满满的心疼。就算轮到她吃的时候，锅底刮起的只有半碗年糕汤，面对孙辈歉意的吐舌，她仍然笑得心满意足。因了年轻时一场大病，她的一只眼睛没有视力，但梳到泛光的头发和满脸喜色，令她看上去娇俏而神气。这一锅外婆的鸡汤年糕，在后面许多年里成了阖家回味时最顶尖的美味。

去年过年，父亲神气活现地站在煤气灶前，据他说是"你妈如今手艺越来越不行"，所以夺过了"铲权"，烹煮母亲买回来的鸭子。这个黑漆漆面孔，身形庞大的汉子，对付炒锅像玩具，他自如地在火苗上转锅，动铲，将近一个小时一丝不苟的侍弄，酱香抢先满溢到我们鼻尖。酱鸭，成了。父亲的下手果然重。终于我吃到一块粘了锅底的鸭皮,得意地向母亲揭发。多少年来,母亲从未改变过"酱鸭腿是我的绝招"的信仰,从来就不屑于跟父亲在这个菜式上比高下。父亲不吭声,随我们编派他浓油赤酱过了头的"黑暗料理"。母亲夹了一块,嚼了几秒,说了一句"蛮香"。跟母亲的不愠不火的菜色比,父亲的烤鸭像黑旋风李逵,可他力透十分,把酱味、姜味、桂皮味逼到了骨头里,又不怎么爱多放糖,所以,鸭肉劲道咸而不腻。听得母亲放话,父亲脸色朗润起来,看着我们啃掉那一大盆,自己小口地呷着酒,客厅里弥散着他知足的气场。吃剩一堆鸭骨架时,他的"老三篇"来了——看我黑眼圈重,叮嘱要休息和调理;听三姐咳嗽,告诉她多加衣服,保暖,不能受凉;最后是待人接物一定要讲究一些分寸,不要使性子之类……这样的"指示",常常没全交待完,我们就以各自忙碌为由,把后几句闩在了门里。三个月前,父亲在炉火前又操练过这道烧烤,做的是鸭腿。等我吃到时,已经隔了夜,冰箱里焐了一下,酱味以感知到的速度慢了,却多了酥软感。当时他说话的语速慢了许多,走路经常头晕,我们以为硬实的父亲永远会在餐桌边等我们,对于风暴的来临没有任何预感。

  二十多年前,外婆走前粒米不进,气若游丝,头发却依然梳得一丝不苟。一碗年糕汤,香气飘散。这以后,我都没有再遇过可以媲美那个早上的味道。

  父亲二十多天前的最后一餐,是我喂了几口粥,混了一点航空小菜。我依然没有意识到这是他的流连,还窃喜他能张口,便一定能出院坐到年夜饭桌上,陪我们一起闻酱鸭的香味。现在想来,他吞咽的眼神伴着艰难的喘息,不是在品味食物的香味,而是多少为了令我安心。

为送行父亲忙乱了一阵后,大姐这才开始有空打发今年过年的腌腊。母亲八十,在我们商量年夜饭吃什么时,她眼里是满满的参与。似乎她心里的酱油瓶打开了塞子,炉膛也拧开了开关。不过,父亲不在了,那只酱鸭,她已封炉。

说年夜饭的时候,我依然会不由自主地咽口水。那些腌腊,生生不息,在姐姐手里,是现世的美味。而那些随着亲人远去的汤汤水水,烧烤焖煮,会涨得我神思满满。谁叫当年我们吃得快活,而已经不在了的亲人,曾快活意满地看着我们饕餮,并用目光为这些美味添加过温情。

活了这么些年后才知道,有些人是会走的,有些味道,却经久不会消散。有一天,这些世界上最好的味道依然可以回到餐桌上,吃起来的那一刻,会知道什么叫心疼。

要过年了,想撸起袖子,忙活在灶台边。也许可以做出逼近原味的年糕汤和酱鸭吧。不管远去的亲人是在乐呵呵地,还是挑剔地看着我折腾,抑或他们无所感知,已安然入睡,我仍将心无旁骛,把这些美味烹煮得有滋有味。在我和他们共同享有的那些滋味里,有昏黄的生活记忆,有琐碎的快乐,好听的唠叨,和满满的,心疼。

凌风飞去,余烬无解

曾经,他是道触目的风景。花甲之年,朋克造型,说话放肆,作派恣肆,经常看到了就换频道。

最早深入内心的费翔版《冬天里的一把火》,怎么是他原唱?而且六十岁还张牙舞爪地演绎劲舞版,看到就想别转头去。

唯一的一次邂逅是在七八年前的兰心大戏院。当时,他被作为台湾老一代歌手系列演唱会的扛鼎人物请出山来。访谈时唾沫横飞,不避情史和黑幕,放到现在真正是"毒舌"一枚。所以,想都没想,他被我的采访本屏蔽了。

直到去年看到网易新闻爆出他投资一次次巨亏,罹患绝症,才不由得对这个人多看了一眼——原来,这不是个出身优越、不知天高地厚的公子哥儿;原来,这也是一条从眷村的荒芒里奔出,打拼、死犟、不服输、不退后的血性汉子;原来,他爱着爱的,恨着恨的,斗嘴分手样样极致,爱到沸点时不惜为了遭遇不公的对方而愤然砸掉饭碗,惨遭打压,恨到痛时又耿耿于怀不依不饶……

查出大病后，他竟然还在唱歌打拼，赶场挣生活费。几个孩子已经长大，身为外公辈却依然戴墨镜、吊耳环、朋克头、短裤上台，不解者看来实在有点凄惨。可他在舞台上却依然傲娇，从来是话糙理不糙，得瑟也让人。

在他生命中最后几次在屏幕上飙歌时，我已经没有那么隔山隔海地看他。他抖着一身的横肉，他喘着经年后已经变得腐朽的粗气，他的夸张服装、造型与那张生来文艺小生的圆脸搭配是那么奇异，他用尽了热情在唱。有时候我托着腮帮在想，这个叔叔究竟为什么这么热力四射，全然不顾旁人的侧目？

直到，生命的落幕突然来临。昨天深夜，零星的刷屏消息，跟张国荣、梅艳芳甚至罗文走时，满世界的哀伤阵势不可比拟，很少有人评论，也没有多少人关注。我挪了一挪冬天雨水充沛季节里僵硬的肩膀，想到了一个词：寂寥而偏执的行走者。

有点惋惜，在演艺界这样自说自话，曾经红透半边天、又多年无人喝彩的歌手，在我们还没有充分走进他内心和经历的时候，落寞地离去。

他的一把火，无人解析。他的燃烧，只见余烬。

如果，我们的生活也是一帆风顺，可能我们到更年长一些也不会对高凌风多看一眼，平和的世界里他太突兀、太奇怪了。可是，如果，我们也筚路蓝缕，艰难跋涉过一段，抖落些尘土之后，大叔的傲娇、寂寞、张扬、倔强、粗蛮、豁达、极致、宽厚，就会在某一天撞入脑海。

今天早上听《冬天里的一把火》，我忽然觉得费翔其实唱不出冬天的感觉。那种冬天拾柴的滋味,只有高凌风用人生路换来,交给我们。

愿你在没人观看中凌风飞舞,愿你继续在天堂无人喝彩的角落里燃烧。而你的余温,可能还在这个世界里不多的搜寻你踪迹的鼠标与手上。

罗宾大叔教我们习惯告别

忧郁是一种病。这个病,似乎应该跟文艺或愤青的中年剪不断,理还乱。就美国影星圈里有这个面相的,掰着手指数上两圈,也轮不到罗宾·威廉姆斯。他那张圆脸,短人中,大鼻子,笑起来喜庆慈祥到近乎老太太般,更多被视为卖座片、搞笑剧和卡通配音的座上客,忧郁什么呢?

直到他离去的消息风一般在微信上刮过,这才意识到,《死亡诗社》《心灵捕手》这类大叔主演生涯里的"另类"风格,才是他人生晚景的主流气质。

别看昨天大多数跟文艺沾边不沾边的微信号都刷着大叔履历,粘贴《诗社》和《捕手》中的台词,但我敢肯定,一多半后台编辑压根没有看过这两部电影,他们是在"窈窕奶爸"的笑声中成长的。这事情多少有点荒诞。那两部属于八十年代末、九十年代初风格的老电影,当时都是差一口气,在奥斯卡评选中矮了人家一头,并且,即使这类奥奖上铩羽而归的电影多年后列于口碑"逆生长"排行榜,始信排在前头的还将是《肖申克的救赎》《海上钢琴师》

等。罗宾始终没有大红大紫到登堂入室。他拿到过一座配角小金人,他的最富于人气的角色还是"逗哏"类,他只要一笑,或者异妆,或者大喊大叫,全世界都会被逗乐。但他最深度、最沉郁、最催泪的表演,多少是被压在盗版碟摊位最底层的。这或许是天赐的喜剧脸,给他人生开的玩笑。

但这个玩笑,还是楔入了某些年代的中国人的生活。

那个时候,还是在"内部场"中才能偶尔看到《死亡诗社》这样的片子。当时上海一入夏,就会有以"学术资料观摩"为名头的套票出现。《诗社》那晦暗的色调只有在大银幕上才纤毫毕现,如一片灰云压住了心头。美国二十世纪上半叶的常春藤名校,就是那种把你逼向中产与成功行列的"制造公司",罗宾大叔扮演的老师作为异类,则试图用读诗唤起男校的青春与反叛精神,冲击和撕开那片沉重的阴云。这是他最压抑张扬的表演,沉得住气的一个形象。他的迷离眼球不再跟异国情调和卡通、地心、奶爸有任何瓜葛,映衬的是惠特曼的诗,是校园上空的云翳,是如茵的足球草皮。他最终打开了那些男孩的翅膀,但他终不免被迫离开。那一场压轴戏,老师站在教室门口,男孩们站到课桌上以诗相送,"哦,船长,我的船长"一唱三叹,那些几乎顶到了教室天花板的黑校服男生的高大身影,轻而易举地具有煽泪功能。可是此时,罗宾在表演上并不拼命使劲,一镗炉火温煦但坚定地燃烧着,深深打动了我。

我感到奇怪,这部电影只看过这一次,却在下笔至此时,清晰地记起了他出现的各个段落。

《心灵捕手》是用最不清晰的大碟看的，显然，罗宾部分延续了"船长"的正剧路子，但那部电影似乎更多成就的是马特·达蒙和写作剧本并主演的本·阿弗莱克。

我们大概都不了解幕后的罗宾。他的大多数角色都令人欢悦。曾经，想到过这样的问题，擅长"大力水手"戏路的大叔被赶到了诗情"船长"的路子上，这在他本真的性格层面，究竟是错位还是对路？但是，这个问题随着"诗社"不太被忆起，随着大叔投身更多驾轻就熟的角色，而冲淡了他演艺生涯中的这一重"异数"，也随着他逐渐被我们淡忘，不了了之。

直到，他用不辞而别，跟电影世界和看过他电影的人们，开了最后一个玩笑。我逐渐醒悟：错位也许在我们自身。

这是一个演员的幸事（观众入戏已深），还是不幸（个人况味自知）？评价他这一生的标尺有很多，演技、形象、社交、为友、为夫、为父等等。用在罗宾的非正常离去上，所有一切单向的尺度，似乎都是失度。

罗宾的离去给了一个更强的方位感，使我们这些在八十年代末看到了他的"诗社"，并且还在当时葆有一点对生活和时代的激烈议论和前冲勇气的人，顿悟了年华似水，自己也到了"大叔"或"大伯"的年纪了。不管我们怎么理解和解释罗宾的离去，或者只是困惑和感到隔膜，恐怕我们都无法回避这样一个事实，罗宾和他那一个年代的那一类伟大或离伟大还差一口气的演员，有心无意地，用他们曾经粉墨登场的伟大电影，烛照过某一个时候千里之外黄昏影院的一个角落；又有心无意地，用他们不再需要扮演的告别时刻,来为那些被岁月麻木模糊了的视线和心灵,撞一记岁月倥偬的钟。

此后,大概我们要越来越习惯告别。也许,罗宾的离去就是一次操练。也许,此后每逢告别,我们不用再这样费力琢磨。回忆有时候必须,有时候伤人,只需忘却,往前拔脚就好。最后,念一句他在"诗社"里的台词,送给他那表演的和不用表演的人生——

"我们都有一种被人接受的需要。但是你必须坚持自己的信仰是独特的、是你自己的,哪怕别人认为它们很怪,或者很讨厌,哪怕一群人都说,那太差。你们用不着表演,完全为你自己。"

永远的高跟鞋

周小燕快九十岁时,我见到她时不免纳闷。不仅仅是因为她脸上有五十岁的笑容,而是奇怪——有见过那么大年龄穿高跟鞋的吗!

那是她生了一场病后,在布置简洁的家里见人。她穿着一件白色羽绒服,脚踩着足有十公分厚的高跟鞋——她在家里竟然也穿高跟鞋,据说不穿高跟鞋就不大会走路。这毛病是留学法国时得的,那么大年纪也改不了。

后来,年纪又往上爬了两格,她才间隔着穿改良的中式鞋,可是依然加一副小中跟。有一次,有个朋友送了双内增高鞋,比高跟鞋还"蹿个子"。看着自己矮小的身材一下子变得跟朋友一般高,先生兴奋得用胳膊圈住对方,得意地快走了两步。

我第一次见到周小燕,她就踩着那双鞋,滴笃滴笃,手挽着刚在布达佩斯国际声乐比赛中得了大奖的男中音张峰,和记者们自来熟地打招呼。抢在讷于说话的弟子前面,把获奖故事、评委评语和对学生优缺点的了解,针脚绵密地连缀起来。"拜托大家,唱美声这个事还是很难，多帮帮张峰吧。"先生是谦和的，她的身子却笔直地杵在高跟鞋里。

其实，那以前我就听说她一条腿的腿骨中还打着钢针，十七公分，硬是把两根碎骨接合在一起。可之后，不管是看戏、为国际声乐大师班开班，还是在家给学生上课，哪里有她，清脆的滴笃声便会在哪里响起。

最发噱的一次，是去她在上海复兴中路的家，旁听她给一位民歌演员上辅导课。门里歌声暂歇，周先生把我们让进了门，自己却迟迟不进来。我好奇，跑到厨房门口，但见先生满面愁容，一手叉腰，一手提拉起正在桌上滴水的蔬菜。"冰箱坏了，这些菜，我弄不了，全拿出来了。"她对难教的学生有的是办法，面对着一堆烂菜却没有了章法，高跟鞋插在淌满蔬菜汁水的地上，她神色慌张得像个孩子。

几分钟后，一进客厅，琴声一响，她就忘了一切。脸上的纠结打开了，天使的笑容登场了，高跟鞋在擦得锃亮的地板上剪下长长的影子，随着调教的话音来回跳动。刹那，判然两个周小燕。

先生曾说，最遭难的那一段岁月，她不能不收敛了习惯。高跟鞋是要自己敲掉跟的，"啪啪"两下，剩了一双平底鞋；唱片得扔到一个不平的地方踩了；书称斤卖掉、撕掉。直到后来风声渐松，先生开始带着学生把家里窗户蒙得严严实实，用留声机放送歌剧选段。

我有时候瞎琢磨——先生后来带着弟子征战国际声乐赛场，恢复穿带跟鞋之后，就随性地穿高跟鞋，使劲地美给世界看。这是不是要在穿鞋这件事儿上，向失去的年华回敬一份不甘？

这些年，很多人把周小燕早年的黑白照片翻出来，炒一炒她们生吞活剥的"民国范儿"。先生不太关心这个。从人生轨道来说，她跟那个时候连载小说里富家千金身上的病病歪歪和腻腻歪歪之间，并不具有多少联想度。

她是那个以舍掉自己演员梦，换取与学生相守一辈子的美声女教师；她是经常开晚饭了也不知道该准备多少菜的女主人（学生可以随意留下吃饭）；她是记不清多少次为家境艰难的学生垫付学费，可转身拮据得连洗脸水都要积在铅桶里，用来冲洗马桶的节俭女人；她是那个上课拖时间，可是学生一走就累得趴在沙发上再也起不来，却还要主动向学校申请"教到一百岁"的傻傻的先生。

高跟鞋上的周小燕，就是这样一步一个滴笃，用直挺的姿态走出来的了不得、却也依旧不免人之常情的女人。

再说这样一个场景。她脚踩高跟鞋，滴笃滴笃，走上领奖台。在多次用"我不够格"来推挡荣誉提名之后，那天，她去领上海市"教育功臣"奖。身为银行家的女儿，她的数字概念也是"了不得"的。发奖时，每位获奖者都得了个信封。周先生在后台暗道上悄悄抽出一看，是张"贰"字打头的支票，心中惊讶：这么多奖金，这次来实的了。回家忙不迭给人打电话：两万元奖金啊！怎么给那么多呀？对方大笑：都知道你是得了二十万元奖金。周小燕翻出纸头左看右看，惊叫起来："啊，二十万，真是二十万哪！不行不行，像李国豪这些科学家，那些真有贡献的该拿。我不该拿这么多。"

至于先生在生活上马大哈的故事，则早已被好友编排了多次。她的丢三落四是"世界性的"。走到哪儿，她微笑着跟这个那个打招呼，丢了包，落了围巾，没了眼镜。丈夫张骏祥生前给她起了个外号"天女散花"。"天女散花"一语成箴。她一辈子的育人事业，何尝不是在散花？

当然，还有幸运者得到了她的"鞋"，跟着她学会"走路"。穷学生廖昌永那年初到上海，下雨天舍不得穿母亲买的新鞋，打着赤脚从火车站跑到上海音乐学院。后来，这个光着脚走路的年轻人，从穿高跟鞋的周先生那里，得到了一双走得很远的"鞋"。她不仅仅给予爱，还有敲打。抱得国际声乐比赛金奖后，一次有个小镇请他去演出，临走时被周小燕问起准备得如何，他随口答了句，没事，一个小地方。先生沉下脸：你唱给我听。听后叹口气道："演出没有大小。随便唱唱，豁边了吧？无论到哪里演出，都得对得起买票的观众。"这硬邦邦的敲打，像极了那不卑不亢、沉稳钉地的高跟鞋声。

当学生们大多穿上了适合自己人生的鞋，离一百岁越来越近的周先生，却到了不能穿高跟鞋的时刻。

在所有纪念刷屏的时候，我不知道用什么话来归总周先生的一生。高跟鞋，是闪现在脑海的第一个意象。我几十次碰到她，先生最特别的标识之一，就是脚底那硬朗而又轻快的滴笃声。它硬硬朗朗地敲响在家、在教室、在剧院、在舞台的水门汀或地板上，钉地有力，歌唱有声。

看到过高跟鞋上，一些自美其美者，慵懒着，张牙舞爪着。但高跟鞋上的周小燕，筋骨挺直着。这不单跟鞋有关，也指向了她人生的一种站姿。

书的表情

奥地利维也纳大湖边的读书女性

书的表情

满满一墙壁的书，让书房的那一面墙，变成了家里的"承重墙"。当有一次跳闸，原因竟来自这面书墙后面的一个插座时，我近乎抓狂——单单移动这个整体书架，就得花费半天。

"噗——"我吹掉一口积尘，用两本书互相拍打。那厚厚的一本是《周作人传》，躺在书架一隅整整二十年；稍薄、开本大一点的那本是《郁达夫小说选》上册，是丰子恺家眷放不下太多书，由社科院陈梦熊先生购下后，又逢陈先生搬家，我帮着理书，他遂原价转给我。上下两册，还钤着当时浙江人民出版社赠书丰家的印章，跟着自己也有二十五年之久。翻着翻着，我一屁股坐地板上了，这些各有来历的书，是一张张不同的面孔，一下子把我拖进了那些狂"吃"图书的年代。

不是装修工来，我就忘乎所以地看书了。书尘引出鼻痒，打了两个喷嚏，翻一下手机，看到微信群上有同事在赠书展的票子。起来查了台历，果然立秋一过，上海那座金碧辉煌的苏式建筑里，多达十五万种的新书皮子，又将如一张张新面孔，或真诚、或威严、或讨好、或孤傲地瞅着买书人。

我要来三张门票。想象着在夏末夕阳还有一抹金色的时候,用手挡掉友谊会堂金顶反射的刺眼阳光,带着儿子,去赶一场墨香和嘈杂声交汇的集,情绪总是那样愉悦。

其实我明白,现在去一次书展,不太可能再像以前那般手酸肩疼地拎回大包小包了。一则,经典的那些册子,几乎都已藏下。另一则,爱不释手的新卷,一眼相中的毕竟不多。向来不相信腰封推荐、热炒或包装过度者,基本上定睛搜索一番后,便果断舍弃。更何况几乎同时,不少新书总能在网上视折扣幅度而沽。尽管很遗憾低折扣对书市这一行近乎自杀和他杀,却无奈手中银两还没有多到可以在书展现场随意杀下中意的那一张张"脸"来。这也几乎是大多数爱书人的遗憾吧。如有翻得放不下来的好书,也就索性买了。

可是,即便所获不很多,摸摸新书皮子,还是会心痒和心动。于我而言,那么多新书带着千万种表情,辐辏于一堂,怎么说也是该去相一相、认一认的。只要实诚,只要内里与表情合拍,那样的书,买回来总不会束之高阁。

家里的书跨越了各个年代,有的泛黄,有的卷了边,也有的在曾经时兴的包书套中依然精神着。摩挲来摩挲去,似乎总是多年前的那些书系、文集、全集、文选,面孔更朴素一些,内里也更加沉郁丰富一些。那一套人文社出版的《鲁迅全集》,没记错的话是一百六十多元买下的精装本。一个亚黄的塑封底上,四个遒劲真切的字,就盖过了一切轻佻巧笑的装帧。翻开,你就能看到鲁迅的脸。二十三年前,研究生毕业,为了将宿舍里这十六册重几十斤的全集"老鼠搬家",我每周都用双肩牛仔包装上五本,骑车四十五分钟横穿徐汇、长宁到普陀的家里,加上后来的老舍、郁达夫、沈从文等文集,生生将一件堪称那一年最时髦的紫绛绒大衣,在双肩胛处磨出了两道发白的杠子。可是到家不心疼衣服,先检查的是文集折坏了没有。许是因了我对那一张张现代文学史上生动的面孔如此恭敬,这些文集至今挺立书架上,连角都没有卷过。

很喜欢那一套"探索书系"。二十世纪八十年代后期,一再重印的那几大本仍然脱销到难以收齐,从"探索戏剧集"到"探索电影集",在从福州路到大学附近的各种书店整整搜索了两年,才接上龙。今天看来,这套书封面上字号超大,像极了当年那一张张意气风发、舍我其谁的年轻才子们的脸。如今,这些面孔有的消逝了,有的晦暗了,也有的经历沧桑而依然生动,成为了我约稿的作者了。也有几套小开本的书,分量却特别。封面是竖排字体配上简洁炭笔人影的《米兰·昆德拉系列》,前年才完整读来,爱不释手;清秀简洁的封套后装着人生凄美的《三毛文集》,当年作为生日礼物献给女友,后来因为婚姻又"嫁"了回来;印着杜拉斯黑白面孔的三件套专集,至今没有看完,却一直放在书架外国文学那一"楼面"的最外层,因为《情人》让当时一介上海少年,心里画了许多天那张法国少女冷漠、却也难说不是多情的脸……

那时候没有书市,没有地铁,没有许多零用钱,从桂林路出发到福州路坐车要一个半小时,同学勾肩搭背像春游一样地去,直到腿疼手酸,面容憔悴地回转,心头依然是热乎的。那时最喜欢的店是"马槽",只去几次,腿脚不便的老太和她儿子都已认得,便开始给我九折优惠买新书——那时候书利之薄非今日所能想象,可他们看我的表情就像看着马槽边眼馋干草的那匹小马。听说,在我毕业没有几年后,"马槽"也支撑不下去了。抚着那几套文集,眼前会浮现那几张脸,目光如炬,笑意盈盈。他们,还安好否?

每一届书展,票拿到后,不免自问:现在自己还能不能算一个"读书人"?这个时候,未免心生惭愧。因为,确因"忙"那一个理由,大多数时候,我们深锁书房,疲倦懈怠。

可是,每次友谊会堂的那扇门为书而打开,因为心中跳脱着的那一个"破万卷",因为脑海里实实在在的那一句"方恨少",还是会踩着兴意盎然的步子往书展里去,就当自己还是当年那个搜到一本想要的书而激动半天的毛头小伙。

世易时移,躺在书展上的那千万种飘着墨香的表情,还有那百来个走到台前签售开讲的面孔,琳琅而复杂,远不再是年少时简单的书皮和质朴的书里能够类比。不过,我知道当下的热闹里,隐存着一重危机和落寞,巧笑与迎合,也许依然不能遮挡住在阅读习惯、平台和人群变迁后,如今出版业日脚艰难、亟待转型的境况……好在,书还在出,书展人气还旺。我想,只要有好书,只要还有各个年代走向友谊会堂的那些爱书人、读书人,只要书面皮子背后的表情不僵硬、不猥琐、不纠结,文化和书业转型而非凋零,写书人和出书人挺拔而不佝偻,那一抹书香再淡然,还是会潜伏于很多人的心头,聊以慰心养神。于是,爱书人就还是有地方安放灵魂。

那些年,我们吃过的月亮

那天早晨醒来,脑袋突然不能转动。赶紧去挂中医推拿伤科,在老医师的重手下"嗷嗷"乱叫一阵,又拔了火罐,向左向右转的部分问题解决了。

听到手机短信一声响,摸出来要低头看,坏了,下巴往下2度都不成。痛,揪心地。

这让每天要浏览六七万字公众号文章的我情何以堪?

看来问题不仅仅是中医能管住的落枕,极可能是颈椎病发。然而,脑袋晕的感觉,在服下一粒止痛药后没有缓解。

手机是几乎所有活动的坚强领导核心,我咋能不低头?

49路上,一头靠栏杆,一手把手机高高地举起。站着的一位妙龄女有点不乐意,别转了下身子。拜托,我不是偷拍色狼,我是在刷那些公众号……

这样举着手机的姿态,毕竟太过异样。手臂很快也酥麻起来。罢了,只能撂下手机,仰头休息。

这一仰,我就被窗外那明晃晃一个秋天的大月亮给扫到了。

"扫一扫"模式过后,双目定格这枚大月亮。心想,这下,看月亮吧。

它柔柔的,米色。比老城厢绿波廊里那一只蟹粉小笼的皮色深不了多少。晚七八点钟,城市里高峰车流的毒雾消散,它就在爽澈的空气里变大了起来,看着如同一个十四寸奶酪蛋糕推送到了面前。它安安静静,像是浮在云边,又像是锅里氽起、却还没来得及捞上的团子。

这一看,肚子咕咕叫了起来。吃货啊吃货,你有多久没这样端详过月亮了。月亮多美,可你竟是流着口水,动着饿念。

这不怪我。

从小到大,那几次关于月亮的特殊记忆,都和吃有关——

九岁时我住过一个月医院,与同房间的五个甲肝小病友朝夕相处。到了大家已很熟稔之时,离我出院的日子也就不远。记得那一个晚上,我们被准许在活动室里看电视到八点,病室里熄了灯。一轮清辉跑到了三床的床架子上。他说,大概是已经过了中秋节了吧,月亮好像不大圆了。我说,我进院的时候就早已过了中秋节。他问,那你吃过月饼了吗?我摇摇头,之前没有胃口一直在吐,现在节日过了,没有月饼吃了。他忽然来了句,我现在怎么这么想吃月饼的啦!我听到我的胃叫了一下。我们哄笑起来,其中有一个成天还挂着盐水、病情不见起色的男孩,也躺着乐出声来。

三床已经"三进宫",反复上蹿下跳的肝功能指标让他的脸灰灰的,他知道我过三天就要第一个出院,拍了拍他的床沿,示意我坐过去。除了挂水的,我们三四个走得动的也就凑到了他床边。他说,你们知道我吃过的一只最好吃的月饼是什么样的吗?我们都摇头。他继续说,是我没有生病时,我外公从老大房买给我吃的,那个皮酥的脆的,然后就碰到肉了,先闻到浓浓的一口肉香,咬下去,不烂,有弹性。最靠近肉的那层皮沾上一点点汤汁,我留在吃完前的最后一口,消灭忒伊……他闭起眼睛很享受,我们几乎个个流口水。

那一晚,他跟我们商议了,大家出去后,明年国庆在人民广场碰头。当时电话不普及,所以在说好了的时间地方碰头,最牢靠。他说,我到时候带一盒这样的月饼来给你们吃,我们对着月亮拉钩,一定见!

我们都很憧憬,那一晚的月亮也很好看。后来,我第一个出来了,分别时,他们在铁栅栏门后伸出手来招手,一边激动地对着跃下楼梯的我大叫着:"十一室两床!十一室两床!"

后来,我才明白,各人病况不一,家境各异,省份也不一律,三床病情是最重的,他给我们谋划的人民广场相聚,不过是一个毛估估的理想。

再后来,我病好复学了,渐渐地,叫不出他们的名字,面孔也想不起来了。但是那年中秋节咬到苏式月饼的时候,心里还是"咯噔"了一下。

小学四年级的中秋节,大队辅导员叫各班派些代表,当晚自带板凳,在学校一楼大厅里集体过节。

我以为那一个晚上会是歌舞联欢。可是，辅导员让大家把凳子错落地放在大厅里，发到每人手里一个大鸭梨，一块月饼，就叫熄了灯。

是要摸黑玩吗？心里一下子激动了起来。

这时候，辅导员却让所有人找月亮。大厅里安静下来。因为有巨大的落地窗，其中很多人发现自己就坐在了透窗射进的月色里。

之后大概有一个小时，我听到的却是用女中音不紧不慢地讲述的"后羿射日"和"嫦娥奔月"。故事讲到最后，嫦娥望穿双眼，不再能回到人间。月亮变得清冷起来，看着有一点无助和悲凉。

我的座位上没有月光。我至今清晰地记得对面的墙报上是美术老师画的大幅粉笔画——"2000年征服月宫"。那张画里有坐着宇宙飞船的小朋友，有科学画里千篇一律的超大月亮和被画成长着四个角的星星，也曾经把我们关于月亮的想象导入"科幻"里。

那晚以后，我再抬头望月，就有了不同。月亮里住着三样活物，尽管有花有酒，月亮因为常怀寂寞的嫦娥，也变得孤寂起来。

为什么要吃月饼？辅导员说，月亮里住了嫦娥，也就是个有灵性的月亮。每个人看月亮，都带着一份不同的心情，总是想着某个人。我们做月饼，月饼代表了月亮，是可以吃的，每一个人也就在吃下自己的心情。

那么，天上的大月亮谁来吃呢？她说，有"天狗"吃，有"月食"吃。你们今天听够了故事，就开吃吧。那是物质困顿年代，我们早馋得等不及了，于是，我们笑嘻嘻地，三口并作两口，把那一个个小月亮给吃下去了。

多年以后，我曾经试图联系那位辅导员，然而她转校加退休，音信无法确定。后来说到月亮，我脑子里闪现的不是"征服"，而是"吃掉"两个字。可见那一晚我中了她的"蛊"有多深。我知道那是她兴之所至的发挥。她该是多有喜感，多有意思的一个人。年岁越大，我越是喜欢和惦念这点意思。

长大了，月饼年年吃一点，阴晴圆缺的场景看得多了。月饼过度包装、发明新品种疯狂推销的那几年，我一度讨厌和罢吃月饼。而月亮么，是很少再有闲趣专程看一眼的。

今年的中秋来得特别早。仰着抽住的脖子发呆，儿子的问题提得也好——对影成三人是什么意思？到底几个人？

只能点到为止。

他灵机一动。杯子里不是还有一个月亮吗，为什么不是四个人呢？喝掉了那杯酒，我是不是就吞下了一只月亮？

额。

这样琢磨下去，儿子恐怕会早熟成一枚文艺青年。

我从一个"人民大会堂"的盒子里摸出了一枚月饼。他掰去半个，立刻就不掰扯那句诗了。

我知道，他把月亮吃下去了。

满室月光，吞下的是角角落落的黑。

冗长的岁月里，我们自己吞下的往往不是月亮，不是月饼，而总是别的什么。

我的落枕还是没有好，我不得不注视着那只大月亮，嘴巴张得大大。

一个人的电影结

电影节的节奏总是和着上海黄梅雨季的节拍。可是今年,雨迟迟没来。踏着被雨淋过、蒸腾着一股焦毛气的路面,一身黏汗躲进影城的爽感,一下子也唤不回来。只是,那些年疯狂看电影的感觉,还是来了。

我做铁杆影迷已多年。今年,不去研究排片表,不去网上抢票,不加入影城门口百米长的购票队伍。看着开幕前喧嚣已极的造势,我忽然生出人到中年的懈怠心——忽然感到曾经以无比热情抢购电影票的那一个位置,腾出来,属于做着电影梦的80、90、00后们了……对于自己,知道无论去与不去,激动与否,抢与不抢,是否有人一起,我所需要看到的好电影,总有那么几部,依然会在那里,等着我。

远远地看着上海影城星巴克和赛百味里众多年轻矫健的身影,脑子里会一个闪回接着一个闪回。第一届上海国际电影节时,还在读研的我,只要有点时间,就会骑着爸爸的老坦克,从城市西南角的大学,踩向任何一座市中心影院。那时没有套票,没有电脑联网，看了报纸上的影院排片，心就借助两个轮子"飞"了。一个小时的骑行，丝毫不在话下。有一回骑到番禺路，冷不防背后杀上来一辆黄鱼车，超车、抢档、左转，一下子把我撂倒。被浑身是汗的农民工拉起来时，脑子晕着，身上乌青着，但只惦记着"电影快开场了"，等不及他的两声"对不起"，查看一下，经常"脱臼"的链条还在位，就蹬上车继续奔向我的电影梦。

到了第二届电影节，为了上完夜班可以在报社旁破落的和平、大光明老厅看参展片，就在办公室里用两张办公桌拼出一张"床"，对付几个小时。白天满脸挂着菜色，走进影院去看银幕上的彩色。还有一晚，为了"通读"奥利弗·斯通，和一个朋友守着大光明通宵场，连看四部他的电影，一直看到要吐。不断打瞌睡过去，流口水惊醒，再继续看……那一次，大光明泛着霉味的椅套味道，喝可乐打出的难闻的嗝，斯通初试身手的平庸之作，让我终身难忘。倒是陪我看片的朋友，想不起是谁了。

曾经为了电影节，在省下的研究生津贴里支出一百二十块，连着去看十二部电影。那时这笔钱够吃一个半月食堂，现在这笔数目，看电影前吃个小吃也就差不多了。但那些光影和现实、虚幻、遐想的情境，没有因为当下越来越高大上的技术流、明星范、首映场而显得廉价褪色，反而透着清洌粗朴的气息，活在充满霉点的记忆里，每到六月，就开始绽放。

那个时候的明星，远远近近经常碰得到。看到姜文来，还是学生仔的我趁着人群前呼后拥的混乱，大喊一声"姜文，你好"，然后得意地看着他出于本能地脱口而出"你好，你好"，一边纳闷地在人堆里寻觅声音来源。碰到葛优,上去寒暄一句"葛老师,吃过午饭吗",他会跟毫不认识的我唠上一段嗑,把中午的菜名都报上来,然后握把手,去参加下一场点映。不过,这样的风景如今几成绝景。大前年,在捷克旅游,碰巧从卡罗维发利国际电影节的主会场经过,看到清一色的奔驰驶过,栏杆外老记的枪头被挡得远远的,影迷更是只能远观明星。陪同的导游问:你怎么不激动啊,很少有客人可以跟这里的电影节不期而遇啊。我说,在上海司空见惯,排场比这个还大。她颇有艳羡意,而我只是有点慨叹,影星可以毫无顾忌或防备地跟影迷见面甚至唠嗑的青涩电影节时代,在世界大多数地方,恐怕是不容易再回来了。

潮流在变,电影节的"范儿"在变,自己也变得没有二三十岁时那般激情洋溢地追片恋星。可是,独自一人,坐到一片黑暗里,看银幕上重新燃起亦真亦幻的光亮,不经意间遭遇一段似曾有过的或嬉闹、或忧伤、或愤怒、或无语的情节,还是会从内心涌出一股真正的喜欢。

人到中年,烟火缠绕,没那么多时间可以去电影节挤挤挨挨着做梦了。这几年,也就是偶尔几次,在看完电影节手册后,去买一张当场票。或者,朋友招呼、同事送一张,就去了。许是阅历多了的缘故,散淡地观影之后,观感也往往不再那么强烈。可是,只要碰到一部好片,就还是会调集出心头的感怀,久久不能释怀。去年在影城一号厅遭遇的《只是为了你》,当护送妻子骨灰回到她故里的高仓健,在旧相馆橱窗前忽然认出妻子少女时代的照片,喃喃说出"到家了",他从来木讷的表情转为释然,那真是让我泪水决堤的一刻。抹掉泪水，人生黄昏的香味依然不散，胜却太多烂俗的煽情。那一刻，我忍不住喊一声：好电影！

看过好电影之后，忽然又会如学生时代般逡巡于影城，任凭自己的感觉，一部接一部地买当场票，哪怕只能求助于"黄牛"。我深信，能够叩开我心扉的好电影，总有那么几部，依然会在那里等我……去年有一天，我就带着这样的随缘心态，有过从下午到晚上一连"撞"五部电影的记录。索性连电影节手册都不用了，"撞"到哪部都可以，灯光暗下，人生或梦幻出来。只是，这样的冲动时刻，越来越少。

这是电影。

尽管这里有商业，却没有商业绝对的话语权，依然能品出电影本来的味道。这里依然有不少平庸之作，却不缺沙里淘金、静水深流的好片。这里有追星和不明就里的捧场，却总有懂电影的人，爱惜电影的人。好作品放映完后的掌声，最是让人心动，与得不得奖无关。这里有梦，却不回避现实，无论我们的心是坚硬还是柔软，它总能把它置换到另一面，或者，放置到更多面的银幕世界里，漂流……

流年

那一晚，我们又说到了大学入学当口的那次军训。

六位死党记着的无非一个场景：其中那位长腿、白皮肤的小生，在排队跨越着方砖，跨越雨后积水塘的时候，优美地一脚踏空，为保持平衡只能在水中打了个滚。但见他军服上、眼镜片上和白生生的脸蛋上尽是污泥浊水，狼狈不堪，可忽见他坐在水塘里撑起身躯，不认栽地来了句上海粗口"册那"。同年级的两百人先是愣住，继而大笑。眼镜男一摔成名，很多女生暗暗打听，并记住了他的名字。

就着满桌的酒菜，忽然意识到，这个故事重温了大概不下二十遍。可是，无论我们当中谁提个头，仍然像听新剧情一样，上下文互接，爆笑效果毫不逊色。其实，那已是1988年的桥段了。

岁月里的一些片段，似乎永远不会褪色，每一次拿到聚会上晒，就变成了经典。时间的长河里，每一个滩和湾并不是均匀分布的。有一些快乐和特殊的时刻，会溢出当时的空间，漫漶，弥散，漫长到一生都忘不掉。有时候，只消几个片段，就取代了我们对于大学、恋爱、婚姻、远足、得失、病痛年代的记忆,似乎那一刻就单独占据了几年,而其他的边边角角、寂寂寥寥,尽管当时占领了更多的青春岁月,却被记忆完全地筛了出去。

人的一生,难道就在那么有限的片段中,才真正"活"过?

最近,网上一个群里,突然出现了一些我不怎么辨认得出的面孔。他们大多在海外,并曾经是我从小到大不同学校和年级的同学,就像突然被岁月的浪冲上了岸,一股脑儿冒了出来。望着他们的头像,有的依稀残存昨日模样,有的变得陌生,有的则已进化为我当时仰视和逃避过的老师们的脸了,看时甚至带上了一丝惊惧和敬畏。颇感困惑时,会在心头升腾起"岁月杀猪刀"的感叹。下得群来,才发现是我自己有问题——把自己定格在了初高中,把并不年轻的心代入了少年样貌,去挑剔和感叹成熟或苍老了的同窗。

站在浴室镜子前自省,不禁失笑。与故人相认的那一刻,岁月的魔法,忽然把自己压回到昨天的空间里,把我变成过去的一张脸和一种心情,而对故人现在的模样顿生隔膜和诧异。

这种错位常常出现。是岁月的穿越游戏吗?规则就是你对自己"老"或"不老"的认定。当故人重新熟稔,回归同一时空,褪去昨日标签,这个游戏才慢慢失去魔力,大家才在一个新的起跑线上,互相体认今天的你我。

经历数十年而依然性情如昨者,终究凤毛麟角。推杯换盏之间,我们又变成了"新"同学。有人是真正的老板,从外形到气质都十分商业;有人出口有"派",显然是在官场得意中擦光了曾经的朴素和青涩;也有人一味地沉浸在对于机会和利益的蝇营狗苟中，不出三句就开始用阶层的雷达为自己搜索同学圈中的利益链；还有曾经浪漫潇洒，如今似乎被生活磨得只剩牢骚与滑头的油腻……当然总有几位，还是静静地安于一隅，不太开口，不太激动，不流露心情心事，有的出席一两次也就再不冒泡，更觉生分。常常不得不感叹时间的力量，它不施魔法，就来刀工，削、磨、浸、染，硬生生把年轻的心变成百孔千疮或设防严格的城堡。

  当然，也有心灵风化系数为零或称之为逆生长者。他们跟你说话不讲路数，还是那么掏心掏肺。他们吃喝起来奋不顾身，把你一起拖回到校园打牙祭时光，让今天重又变得快乐。他们听不得你忧郁纠结，一拍大腿就给你出主意，或在调侃和嘲讽中把你大卸八块打回原形，或者做最好的聆听者，愿意多陪你喝一口老酒、唱两句旧歌，互相宽慰、体谅。还有曾有过情愫的那几对，在经历阴差阳错之后，依然揣着一份惴惴不安的情怀，带着一份要看个明白的不死心，去赴老同学的约。最后他们看到的，基本上是刀刻斧凿，或者飞流直下的，时间。他们只能坦然面对。他们是我的死党，也是浸漫于岁月之河中却试图不被冲走的航标。

  以前我们很少意识到时间钟摆的厉害。直到记忆越来越多，认不出的脸越来越多，无处安放于当下的情怀也越来越多。直到，我们终于有一天意识到，"随风潜入夜，润物细无声"是时间，"劝君更尽一杯酒，西出阳关无故人"是时间，"雁过也，正伤心，却是旧时相识"是时间，"蓦然回首，那人却在，灯火阑珊处"也是时间……一切优美、哀伤、狂暴、幻想的诗或心情，若非时间，只是废字与矫情。

几周前带耄耋老人吃饭,轮椅推到商厦门口时,父亲瘪瘪的嘴,提示我他把关键的东西忘在了卫生间。脑海中画出的那副洗脸台上的假牙,再次让我惊觉,什么叫残酷的时间。

时间是一场漫长的游戏。我们或者浑然不觉它的存在,或者偶尔惊醒,却只能像一个熟练的过关高手,撇撇嘴,继续跟它玩下去。

假装和世界杯很熟

从下一个新的凌晨开始,世界杯将成为一种经常存在的生活背景声。一个月,亢奋或平淡,足球就在电视上、客厅里、聚会中、吧台边燃烧着,你是不是球迷,在意或不在意,都会自觉不自觉地被它撞一下腰。

我承认我不是球迷。我认识的很多人,我也搞不清他们是或不是。可架不住,我们都能跟世界杯打成一片。

身边的男人们,包括不少女人,都在言说足球。他们整日坐着,翻动嘴皮,顿时滚过绿茵场上的百米。他们手舞足蹈,男人拿出打靶归来的气势,女人声调比平日调高半个八度,一连串英文、法文、德文、西班牙文、意大利文名字,毫无障碍地在餐桌上跑来跑去,一如啤酒、薯条和炸鱼在他们口中消失的速度。半个夏天过后,世界的杯子里装进了彪炳史册的球场英豪和天才射门,中国的沙发或餐桌上诞生了更多的啤酒肚、酒桶腰。"我们爱足球!"他们眼含热泪地说,汩汩流淌的激情,很少不让人动容。

隔开几米的窗外,千万人口级别的城市几乎望不到几块足球场。如果某某在周日到浦东或市郊练个脚,是可以傲娇到每次都上朋友圈狠晒一下的"花逊"事儿。记得四年前地铁上两个胖姑娘吊着大眼袋儿有气无力地打哈欠对话,一个说看了我一夜的球啊,一个说你不懂球还看球啊,一个说那世界杯里的爷们儿才叫爷们儿,一个说你家爷们儿夜夜看球也没看成个爷们儿,所以你歪歪成了球迷了吧。两人哈哈大笑,对击一掌。世界在电视直播里跑动,生活中缺少跑动的我们凑集过来,打足了鸡血般,围观。

在这一个月里,我忽然意识到,像意大利雕塑、德国勇士、阿根廷探戈、英伦奔头小生那样,奔跑起来像飞一样、盘带足球如魔法师跳舞一般、凌空抽射似决斗最后一击的男子,在我们身边抑或我们自己心里,是稀缺货。几千平方米一块的绿茵,有人跑得磕磕绊绊,有人盘带过多,有人临门发怵,可有人就是像被放逐的野马,血脉贲张,脚下生烟,撒丫子如入无物之境,跑得出大自由和大快乐,盘得过机巧算计,射得出热血方刚。不管我们是不是球迷,都会自觉来为这时差颠倒的彻夜狂欢送上赞叹:好看!好看!

几年前,一个实习生小伙"教育"我说,世界杯球迷分三六九等:最高境界是自己爱踢、常踢,像他那样,所以,看世界杯也就是在看自己,无论小贝小罗,都是神一样的对手,令自己真爱真恨;次之是职业看客,像老麻将闭着眼睛也能把每张牌摸出花色点数一样,将世界职业足坛的牛鬼蛇神这副牌,理得倍儿清,看起球来分立场、讲站队,没有道理地迷恋某位球员,感情常常超越理智,走过头了也就是所谓"球氓";最不入流的就是那种(他乜斜了我和身后的同事一眼)凑热闹的伪球迷,他们看的基本上不是球，而是好看。今天因为这个球队队服超帅而成了它的拥趸，明天又为那支球队队长心碎，看球零敲碎打，几号跟几号从来对不上。

我心里咬牙切齿，嘴上却淡淡地回敬一句——"好看，不就够了吗！"

你以为坐到啤酒桌旁彻夜观战的，就一定懂足球？你以为你足尖摸得到球皮，那就叫踢球？你以为世界杯的临时粉丝们凑集过来，都是因为"误解"了足球的意义？

足球的意义在哪里？一想这个问题，就有点像要解答"你为什么活着"一样让人憋得慌。足球有魅力不就足够了吗？它的魅力是在有方寸、有禁忌、有挟持的限制下，男人依然要让自己飞奔，飞奔到可以"飞"起来。这种飞翔，成了足够映照出生命力、雄性、理智与感性的，一种没有虚拟、毫无预设、不齿于暗算的充满阳光的生命游戏。能够在电视机前一坐就不走的，多少总是感受到了这种魅力。好，我们不玩、不研究、不讨论，我们是伪粉丝，可是，假装一下没什么不可以吧？！

你们有肉搏其中的快感，我们有难得挑灯守夜的新奇；你们有飞奔千里的狂浪，我们有笑谈热议的恣肆；你们有技术圈点的严谨，我们有臭球好球的酷评；你们有预测来预测去的纠结，我们有杯去人散的潇洒。就算偶尔远观，多带欣赏，谈不上痴迷，更不会疯狂，但我们在某些方面的特长和理性，也许是球迷难以匹敌的，比如经常会梳理世界各国球队的外貌特征，比如偶尔会比较一下国家的国歌时间短长，比如某位球星的某个动作跟唐诗宋词里一个形容"pose"的佳句产生想象关联，比如耻笑和抨击某位以帅著称的教练忽然在摄像机前不断挖鼻孔并淡定地吞下成果的模样……我们多维度、多侧面,时常变幻尺度,更不拘泥于"死忠"立场、世俗评判,相比八卦,我们更欣赏的是那跑得世界都落在身后的前锋,那飞跃冲顶时迎风散开的美发,那充满炫技色彩的真真假假的优美打滚……如果有一刹那,出现了那样一个"飞"起来的姿态,我们无语,静默,在内心感动得一塌糊涂。

当然,我们依然业余。

从明天起,准备好了。几乎每隔一两天,从子夜到破晓,无论开不开窗,那一下子沸腾的声浪夹杂着进入高潮的叫好,让自己翻一两个身后,睡梦更深。抑或,破天荒爬起来,拧开电视,看飞奔着的红色、黄色、绿色、蓝色,也间或咋呼一两个进球……

第二天,我们终于也有资格跟你们坐在一起谈球。再也分不清谁是球迷,谁不是。

写于 2014 年世界杯开幕前夜

写给十四岁的你

儿子：

不知你打开此信时怀有怎样的期待。为父母者如我们，大概没有太多道理或是希望要专门讲，那些平时已讲得够多。此时，或是一个聊天的机会吧。

不知你还记得吗，今年一月末的一个下午，爸爸带着你坐上了地铁。那天并不太寒冷，冬日的阳光颇有暖意。你背一个小书包，走到了不夜城钢琴学校的六楼考场。叫号了，你不紧不慢，又落在了十级考级队伍的中后部，我习惯性地怕你又是"起了个大早，赶了个晚集"，可站在远处对你抱怨，也是徒劳。幸而在六楼剧场舞台上，长长的队伍忽然被分拆成了并列的几排，本来居后的你，竟然站到了某一排的第三个。你还是目不旁视，到了指导老师带队走向大人视线外的考级教室时，我以为你会回头看一眼。当然，跟从前无数次一样，你没有。你带着那个并不针对谁的微笑，轻松而懵懂地走了。

你一定记得那天你考完后，微笑着到一楼家长休息室找我，以一派自信给我紧张的情绪松绑。你说:"我觉得我是过了。"我笑了。我宁愿相信你,因为你脸上的笑容里不掺杂一丝顾虑或游移。我也快乐起来。很少这样,爸爸挽着你的手,开开心心地换了一路地铁,就像是你一个要好的同学。在十二号线换八号线处,爸爸要去工作,你得自己回家。我先送你到站,你在车上隔着玻璃正视着我,跟我挥手,似乎更轻松的样子,笑得露出牙箍。爸爸则因为回敬你一个放肆的笑,一定是一脸皱纹的样子。你乘坐的地铁启动,你转过身去,当然,还是没有出现你回望的一幕。

男孩子就是这样。我在心里嘀咕了一句。

旋即意识到,你的背影,在那个月末几天的春节一过后,就闪入了十四岁。你的背影跟我差不多高了,尽管你的背宽还不够,背上的弧度则因为常年伏案念书,弯曲的角度比较明显。可是,它已经,够到一个高度了。

那是你自己的高度,你十四岁人生的一个高度。

这是在我写此信时,触碰到十四这个数字时,眼前涌现出的画面。它不由自主地来了,可能也是因为,它多少能够喻示着十四岁以后的岁月里,你与爸爸妈妈之间,交集与分离、期待与反馈的那一种关系吧。

儿子,你十四岁了。

不过,就像对待这次考级一样,我们还是不免习惯性地带着焦虑和不放心,当你闪离我们视线之外,以一己之力与世界相对时,我们攥紧拳头,踮足搜寻,随时做好了护佑你的手势,一如当年面对一个走路跌跌撞撞可还要往着前方扑去的你。可是,大概现在的你，将越来越多地用不回头、不回看一眼的决绝，让我们意识到，我们抛出的这种姿势，过时而可笑。

我们担心着你在和你的背影同样高、同样宽的人海之中，应对失措，走慢了、跑偏了、被碰到、被挤倒、掉了队……可是，你目不斜视，用你颐养了十四年的精气神，对着陌生而新奇的世界一往无前的那一种姿势，让我们话到了嘴边，哽住了，唠叨在心里，碎了。大概，日子越往前奔，我们越多地只能用目光和笑容，追在你的身后，越来越不能理直气壮地教导你该这样做，指挥你该往那头。

你将越来越多地，不再是我们用张开并包围成圆圈的双臂能护佑的一个人，就像我们越来越多将不是你六神无主时仰视、荒腔走板时倚靠、铩羽而归时扑进怀里擦泪的那两个肩头。

那一次考级，果然传来好消息。你还是不那么激动，就像如果没有通过，你也只是不紧不慢地懊恼几分钟。你知道吗，电话两端互通消息的爸爸妈妈，绝没有那么淡定。然而，我们隐隐地感觉，这一次基本由你自己努力琢磨和练习着跨过一个门槛的情形，日后将越来越成为一种常态了。

你十四岁了，有无限可能。你十四岁了，在我们眼里却还是青涩稚嫩，还有很多让我们手足无措的时候，还有一些从观念到行为的对撞，还有大未来和小目标前的迷茫和不确定。

我们依然操心，我们和你依然无法免于口舌之战，依然会有习惯性姿态与成长新常态之间无休止的摩擦和磨合。

无论如何，儿子，当和你聊到这封信的尾声时，我们请你相信,在这个世界上你将越行越远的时候,你的背影一直是我们心里和话语里牵挂唠叨的骄傲,无论你十四岁、十八岁、二十岁、三十岁……

我们的年轮从交叉到分开,我们乐见你独立长成一棵伟岸的树,或一株柔韧的草,那都没有关系,这种骄傲和牵挂,一直会在。

我们也更希望你成为你自己,一如在冬日阳光的那个下午,你不因别人的快慢而乱了脚步,带着并不针对谁的笑意,坚实而有底气地往你认定了的方向前行。无论你回不回头,那姿势都是我们最大的安慰。

在你不游移的表情里,有我们的一丝微笑融入,足矣。

爸爸妈妈
2017年4月9日

那些需要从容安放的光和亮

那一个新年来临前,大一男生寝室在全班的联欢会后,迎来了几位女同学。拼起几张老式课桌,罐头午餐肉,油炸花生,豆干,摆了半桌子,欢聚到熄灯时分。管理员大爷上来催促几次,这一波算是熟络了的学友们,决定扔下杯盘狼藉。

1988年冬至后的这一个夜晚,寝室门将锁,他们无所畏惧;学校大门外面除了棚户区就是菜地,他们无所顾忌;风是冻的,路是水泥的,坚硬如铁,他们满不在乎,因为身上是热的。何况这么八九个人,声音嘹亮,眼眸精神。他们决定往徐家汇去,并且,徒步。

从桂林路到徐家汇,那个年代,夜色可以用冷寂来形容。到了徐家汇,没有地铁,没有人行天桥,没有东方商厦、汇金百货、太平洋百货,平日里交通最拥堵的五岔路口,深夜里变得空旷,只有很长间隔摇晃着开过一辆43路或72路公交车。那个时候的溢彩流光,全在这些年轻的声音和渴盼的眼神里,"有意思的"便两两牵手,落单的也兴趣盎然,就连此时几乎没有店家开张着的徐家汇,也让他们觉得有意思。

子时过了,一人呼"回去吧",大家马上响应——那个时候有联防队会对太晚循迹于大街的青年男女盘问,毕竟没人希望经历过"轧马路"的新趣后再讨个不快。再回桂林路,轧了一路的笑话。夜风冷,一米八个子的男同学脱下大衣温暖女孩子,不全是关怀,部分是逞能。

我是其中一员。多年以后,这八九人各自散去。到空旷的徐家汇轧马路,是我们关于新年与青年的一次不灭的记忆。

再到徐家汇迎新年,已经满世界灯光与人潮。外滩更是这样,二十多年前是静静的睡姿,现在永远不眠。从前轧的是马路,现在,前胸后背贴碰到人都不用说"对不起",因为频率太高。与平缓的江水相伴着这座城市的,是汹涌的繁华,还有各色各样你意想不到地撞入眼帘的面孔。涌入这座城市的,大多还数青春的面孔。有的朝气洋溢,有的踌躇满志,有的不免菜色,也有茫然与惆怅。

几乎每到年底最后一天或国庆,外滩都是阅尽这些面孔的最大 IMAX 银幕。去岁十月长假,从老码头参加完亲戚的婚仪,兴之所至,与家人徒步穿越了这个经典地带,一直走到外滩源才打车回家。越靠近十六铺,越撞得到扑面而来的人潮。他们就像几十米开外的翻卷着咸腥味的江潮,带着五处八方的新鲜气味和个性迥异的方言而来,擦身而过的川音、赣音、粤音、北京话、闽南语,惹得身边的儿子不断抛出国家地理类问题。

那一天是 10 月 3 日,打着 S 形避让、穿越人流的时候,我看到了那些平日在地铁、弄堂、商厦、小饭店里各异的年轻面孔，这一刻写满的都是一个"好"字。他们确实亲近着上海，尽管平日里也不乏怨怼和牢骚，他们对于也许不尽如人意的日子还抱着一份希望和热情，用笑容拉平了皱纹，送出去一点热量。大多数人能够互相友好，擦碰或磕绊一下，有不少谅解的笑容和扶助的手会伸将过来。有不少客人对着笔直站在陈毅广场台阶前值勤的两排武警们拍照，上去以他们做背景合影。横穿南京东路外滩路口时，足足有两排警察，用身体充当着横道线前的"护栏"，绿灯起打开，红灯起则闭合，为每次几百人同时穿越马路充当人工开关。人流交织，免不了有杂乱的角落，大体上，它仍是一条缓缓行进的，能够勉强转弯和掉头的巨大的龙。但是，它的身体显然已经不大灵活，目光已经不大从容，稍有梗阻，便藏伏着危机。世事难料。几个月后，一些青春的身影凝固于江边，永远不再发送光亮。

二十七年前空落的徐家汇，和眼前满满当当的外滩，很难说喜欢或不喜欢哪一边。日历一天天往后翻，当年随便来几个班级的同学，都能在江边的链条边从容合影，每一张面孔都能感受到阳光和风。现在，你要在加宽了的外滩伸进一只脚，原地不动地欣赏五分钟江景，恐怕也是难事。看上去一个"大"上海，现在和它的缩影外滩或徐家汇一样，要带着悠闲的心情进来，站定脚跟，不那么容易，甚至可以说很难了。

城市是待人的地方，不是散居式的待，而是免不了大体量、大客流、大物流。中国这么一个城市化凶猛、人口红利转眼变成负面清单的地方，哪一座大都市最标志性的公共空间如果空寂一片，如今也一定不正常。人们几乎还来不及收藏二十多年前的空阔与素朴，转眼就已经絮叨这里不适宜再去、那里不可能再挤得过去。上海居民脑海中跟我差不多的"空阔上海"回忆，是不是那个生活品质还不够城市化的上海，被记忆残损的人们过分提纯和美化了之后，造起的一座所谓"上海人的上海"的幻象？！

我对那些无时无刻不划地做圈的意识并不感冒，也绝不赞成把"上海情结"做成"上海死结"。然而，那些经年前的宁静、宽适、从容与散淡，终究还是挥之不去。

如果一座城市是有基底和文化力量的，那它的气质里一定不仅仅有高歌猛进、喧杂熙攘、满打满算，它一定还会为个性化的、宽和缓慢的、散文和诗歌式的生活节奏留一份空间，它还会让风慢慢吹、人慢慢行、思徐徐进。如果是一幅画，那它该会泼墨处浓淡相宜，留白处留白。就如当年的那个夜晚，没有鲜衣怒马，一行青年依然在黑夜里释放着光与亮，从从容容地行走。

然而，城市空间，显然挡不住往更密集处去，总是还有更多的元素在汇入。意识上也挡不住，听着堤岸边的涛声，喝着不择边界的水，呼吸着东西南北来的风，祖辈来自天南地北，那么，那些与上海撞了个满怀的青春面孔，那些一直在融入这座城市的新鲜、蓬勃、大胆、出挑的力量，总还会以各种方式，成为这座城市的一部分。他们，就是巨量化了的当年的你，我，他。

这似乎是无法调和的纠结。我们不能不一边怀念这座城市昔日空间的宁静与无争,一边又感叹于它今日的张扬与年轻,躁动与渴望。所谓日日新、又日新,说的包容力之强,常常令人讷于争辩。可心里总是翻卷着另一种闷闷小小潮潮的声音,勾勒着一个"日过白渡,夜自鸣钟"的所在。

我看到当年的手拉手轧马路的画面,跟花影倒映的江流叠印着,诠释着那一个别样的年代。

2015 年 1 月初

再看海,已不是那种颜色

大海,不是只有此刻,才是令人恐惧的。

我第一次到三亚,在三亚湾的海滩下了水,不知不觉,顺风边游边漂,就过了浮球。这时听到了清晰的哨子声,还不以为意地笑了一声。可是,折返的刨水动作,忽然被往回猛退的浪头化作了零势能。哨子声更响,我慌了神,开始更猛烈地划水,但终究只能停在水中央,并呛了两口水。这时候才意识到,我已经在猛兽的怀里,必须挣脱……在巨浪不断打来,意识渐渐模糊之际,只存了一个念头——下潜。还好,水性还在,于是最终从水下三四米、水流相对平缓处,开始了往岸边的潜游。当脚尖终于触及了沙砾的一刹那,我满是庆幸的脸,遭遇的却是在岸边不会游泳的好友惊惧并泪水横流的面容。

天空,不是只有此刻,才显示为危险之境。

1998年从青海飞回,图154起飞前罢工,趴在了西宁机场,导致晚飞两个小时。到了西安下客续飞,它又趴下。同行者中长我几岁的大哥急匆匆地问讯回来,撂下一句:"在修。"拿起手机就给太太报信，神色庄重。我暗地里笑了下——"结了婚的男人就是黏糊"。毕竟，这是我第一次飞那么远，又碰上了听说过但没见识过的老旧的图154，还一路"故事"不断，这，太刺激了！

终于又飞了。虹桥机场上空，等待降落，迷糊中听到身边大哥又叫了声："起落架没能放下来！"显然，他是凭声音和经验在判断。果然，飞机再度拉升起来，在城市上空盘旋，再次试放，听到颇为沉闷的"噗"的一声。他长长舒了一口气，我还是不知轻重地咧开嘴。那一次，回上海后仅一周，就发生了著名的"紧急迫降"事件，也是因为起落架的故障。这才有点后怕，天空里不知不觉逼近的危险，是可以致人陷于绝境的。

这以后无数次飞行。飞机穿越云层剧烈颠簸，甚至有几次连刀叉都飞起来时，听到狂笑不已，我会用复杂的表情看着激动不已的飞行"菜鸟"们，包括年幼的儿子。我也习惯于每次听起落架放下时那沉闷的一声——它，让我明白，我又可以脱离天空中狰狞的气团和不可测的阴云，脚踩大地，抬头从容地向它微笑。但这一切，在空中和海上时，并不都完成得那么容易。

在云淡风轻的时候，在稳稳地处于陆地，远远地赞美天空很蓝，大海温柔的时候，我们总是深怀赞歌式的心情，或是一览众山小、踏海斩浪的一腔豪迈雄强。在3D电影、诗文创作、童话故事和语文教材里，天空是孙行者和阿拉丁们的天下，海是美人鱼和少年派的王国，虚幻、浪漫、瑰丽、丰饶，这些字眼总是把久困于钢筋水泥里的我们迷醉得迷迷瞪瞪的。到了网络时代，天空和海洋成了卫星定位、精确搜索无所不能覆盖的地方。多少当代表述，都是在重新勾勒和抒发"上可九天揽月，下可五洋捉鳖"的胸臆和气度。

胸臆和气度是不错的。写诗、拍电影、当驴友、做读者都需要。可是，请你不妨真正地上一上天空，下一下大海吧。

当遭遇了一点不安顺、不踏实的时候，当在难以控制的情境中感觉到危险和大难逼近的时候，对天空和大海获得的一些体认，也许完全不再是一派浪漫和祥顺，笑声中也不再只是一派新奇和滑稽。自然和生活都不是单一的面孔和姿态，有比我们意识所及多得多的急流暗川潜伏在深处、高处，我们对此有太多的不了解。可是，我们能多大程度上认识到，或者愿意认识到这一点呢？

我们太惯于消费天空和海洋了，可我们了解天空和海洋吗？

我们过分自信能掌控一切，可天之蓝海之蓝是我们一定能驾驭的吗？

当我们被焦虑、煎熬、无奈、悲伤一次次地围困的时候，脑海中最真实的东西是什么？我们有没有害怕过，应不应该害怕？

最近几日，当无数遍听到 MH 370 这个符号后，用几个词来形容面对天空和大海的心情，恐怕一是无可奈何，一是失望无助。我们用尽全身的力气，不仅漫天搜寻，还声嘶力竭地呐喊。天空蓝了又黑，大海退了又涨。就这样，生的希望却慢慢地被绝望吞噬。

尽管，心灵世界中的热力和互助，永远是一盏温暖和安慰的灯，但是，我们的瞳孔里，还是不免出现更多忧郁的深褐色。我们的内心里，还是不能不多一层忧虑、惊惧，和深层的敬畏。

再看海时，海蓝得复杂。再看天时，天灰得朦胧。

我们只是悲伤地照着这几面镜子。镜子里面的人类，表情更复杂了吗？是否在面孔之后深藏着一些情绪、心意和思辨呢？是否能从镜子里打捞出一些关于我们自身命运的低吟与高歌，沉积与爆发？

我们站在陆上和岸上。我们知道，海水已经是不一样的颜色，天空也是。

大水漫漶。我们，还是要走向你。我们，回来了或回不来，都将被海水染成深蓝。

谁们的小时代

《小时代》的故事，我有幸碰到了。

夏天在影院里，看到前后排三三两两高中模样的女生，用有点怪异的眼神看我一个中年"蜀黍"，也许疑惑着"你也是敬明哥哥的粉丝"。我用岿然不动的姿态坚定地回应——叔是为了"学习"。另外，叔也低级趣味地预感，就包装来说，杨幂挂帅美女，柯震东领衔帅哥，凑起来半打，至少从悦目感来说，应该还是值得期待的吧。

架不住，开场五分钟出现如销品LOFT般的大学城，就开始让我感觉吃多了爆米花。几粒玉米啊，黄黄瘪瘪的，炮得出一大桶。能耐。

十分钟，花痴地看着英俊阔气、装酷至极的公司老板，杨幂差点掉下口水。此时的我，感觉吃多了麻辣烫，蔬菜没焯水，内脏用药粉发大，里脊肉糨糊一片，混到添加剂无比鲜美的大汤里，煮成了四亿票房。霸气。

这部片子没出一个月，就上了第二部。泛着胃酸，就此打住。

　　中学生们选择的这一类电影，无非阳光是明媚的，哥姐是漂亮的，误会是连串的，感情是带角的，含蓄加狂放的，困难要具象的，主角是不倒的，最后一击得在"黄金分割线"上的，欢喜或悲哀都要带音乐的……从这些诉求来看，《小时代》都有。那么，用什么理由去声讨这一部四个亿，两部七个亿，三部十几个亿，掏空了中学生口袋的"巨片"？

　　开在校门口的杂货铺，有什么理由不卖盗版变形金刚、喜洋洋文具、蟑螂整蛊口香糖以及仿高大上的凌美圆珠笔？适销对路耳。而我，大概就被朋友们认为是在应该进大城市奢侈品店的时候，错误地踏进了小县城的杂货铺。

　　郭敬明还高明在，他用众多国际一线品牌植入的"杂货铺"，深藏着看上去符合励志主题的"价值观"——你奋斗了，就有鲜衣怒马或曰 LV 宝马的生活，还能收获财色俱佳的公子哥儿拐两个小弯儿的爱情。哪怕你不惜高架封路，光脚在零度中扮演一回"为了事业夺路狂奔"，让高架下的司机堵得开了国骂。

　　说主人公徒有其表？他们明明是为了拥有更多徒有其表的资本而在职场不懈奋斗。说场景太假太奢侈？他可是"源于生活，高于生活"啊。导演要展示光鲜的"新生活"，谁说刚工作的白领就不能租住大三居，谁说大学生美眉的装扮就一定要土灰蓝，谁说大学城就不能是国际社区的模样；说他们爱来爱去，轻浮虚妄？叔叔阿姨，你们是真不懂还是装不懂，王晓棠阿姨今天银幕上对阵于洋，明天跟王心刚，不好意思，革命的内核也需要折腾点，你们能保证当年压玻璃台板下的一定是"革命"二字,而不是代表着"美丽花旦"的那几张俊俏面孔?俊俏有理,暧昧无罪。

这就是我埋伏影院拜读一部大片后的心得。

身为中年看客,我深刻觉悟到,中心大意似是而非、表达极度"浪漫主义"的郭导,实际上拍的是一系列有关俊男美女的"科幻生活大片",而故事发生于"NO WHERE"。换一种眼光来看,够不着的、无法验证的、光鲜华丽的大城市职场生活,足以勾起未成年或城外人士对高大上生活的垂涎与想象。香艳的谎言,足以编织成一个华丽的梦想,梦想里没有生活之重、现实之困、成长之痛,只有蒸馏出来的纯净水,不用浇水的塑料花,而这就是小时代的梦。

堆砌出来的华丽场景,借用或赞助所得的奢侈穿着、名车香粉,油腻腻弯弯绕的爱情,充溢在职场奋斗的框架中,让你明白香车美人华服就是生活的坐标、奋斗的动力,这不是在为即将进入成年序列的青春年华,吹响成功学的号角?这电影不叫白日焰火,而叫小时代的白日梦。

这真是美好的梦想。

画一只不存在的饼,欺负不会做梦的人。在社会现实里成长起来的,经历这样的小时代总是虐心的。更虐心的是,你在电影里感觉自己和生活被"欺负"了之后,还要被另一种声浪来欺负——从时下"赢了票房就是英雄"的角度,郭大导左右前后都围绕着一个强势的声场。观众尽可以不满,架不住营销狂炸,票房狂收,投资人与明星脸扎堆,奢侈品植入,青少年审美被"代表",一而再再而三,《小时代》掀起第N波浪潮也将不远。

他们,真的是适销对路。他们,真的是细分市场。他们,真的是研究观众。他们,真的是引领时代。用当下衡量电影成败的所有套路,都翻译得出《小时代》的优良与卓越。

尽管如此,还是不想在满世界的吆喝声中沉默。电影如果只是使尽招数圈钱,产业如果只是校门口开店,票房如果印证的只是赶场热闹,华丽生活如果只是无根蜃楼,扒下脸皮就能够卖钱,站直思想只有侏儒高度,那么,中国电影产生一百部《小时代》,也赶不上一部《贫民窟的百万富翁》或《莫斯科不相信眼泪》。

可以编织梦想,但不能从内心奔着瞒骗而去。做电影可以没有思想,但不能没有诚意。一而再再而三地没有诚意,最后就难免砸了真金白银,只辜负了那片光影,也印证了那一片光鲜所映照着的时代前面的,那个"小"字。

这果然是一个小时代?这果然是一个没有诚意的电影时代?

未必。

因为喜剧，所以忧伤？

剧场里的陈道明，无疑被粉丝们的期待和赶集心态，误解成了一道喜剧风景。可是，怪谁？

何时起，话剧舞台上无笑不欢，成了衡量一部作品受欢迎和接地气程度的一条铁律？从埃斯库罗斯到阿里斯托芬，古希腊人把喜剧悲剧奉为两种样式的高峰，并不强求混搭；老舍《茶馆》、曹禺《雷雨》没有成为中国话剧舞台上"是戏剧就得笑"的传统的佐证；伦敦西区，热门到得提前半年订票的《战马》，坐在观众席里难得听到笑声，不少时候是吸啜鼻子声，没有笑，并不妨碍全世界观众对它的赞赏和喜爱。

很有必要检讨下近年话剧对笑的近乎恶俗的利用和出于逐利心的攫取。一些急吼吼诉诸感官反应的戏剧所培养出的观众，自然也趋向于用"能不能让我笑"来判断和评定一切。很明显，在根本类型并非喜剧的《喜剧的忧伤》面前，剧场油子哄堂大笑之时，另一半观众毫无表情甚至感觉"气场错位"，形成了笑的尴尬。

笑的错位，更主要来自于改编的硬伤。一部置于二战侵略国语境的题材，由于有"不想当炮灰"的民间不愿参战心态，奠定了整部剧的灰色调子，进而在高潮部分，从编剧与审查官之间近乎荒诞的身份、本位之战，顺畅地转向关乎人物命运突转直下的悲哀氛围——主人公谁上战场，都是炮灰命运。

但这一故事移植到中国抗战的语境里，民间层面的保家卫国、为国捐躯本来就是压倒性声音。如何压住之前两位主人公的"对抗"和"暗斗"，转而惺惺相惜，最后转为走向抗敌战场前的悲剧性诀别（在被侵略的中国，上战场同仇敌忾，怎么可能被公众理解为"迎合国家"或只是充当炮灰的戚戚哀哀的人生"悲剧"？），从而破解"忧伤"适用的语境难题，无疑是横亘在改编者面前的最大关口。

现在看来，这部剧或许是选错了山的阴阳面，将顺光变成了逆光；也许是改编者力不能逮，"身份之战"的戏码压倒性地战胜了艺术和人性的"忧伤"之根本，使得前后剧情和表演，出现硬接和硬演的裂痕。

如果观众不能从强势审查的压抑，转向对主人公性格的深度进入，对命运转折的同情唏嘘，那也就怨不得他们中本来不容易接受悲剧性的一部分人（更何况那些不看重戏只看重明星的粉丝），只能不断地从改编版的任何"出彩"台词和演员的身眼手法里，感知和挖掘"笑点"了。只是笑了，《忧伤》就算是成功地表达初衷，找到知音了吗？

伟大的戏剧造就出色的演员，而一个再出色的演员也不可能仅靠表演就成就一部存在硬伤的戏剧。交付给陈道明的审查官一角，从底子上就存在先天不足。他的确有通过驾驭现场把任何戏份都推向极致的本事，可用在剧作改编阶段就走得不顺的人物脉络身上，就有可能变得滑稽——我们看到，戴上眼罩，拿腔拿调到近乎"军阀味"，这个形象设计比日本电影中趋向文气的审查官都颟顸得多。放大审查官为孝敬母亲和养鸟暗地受贿的猥琐与道貌岸然，"笑果"是有了，可话剧后半部那个知道看戏、爱戏、懂戏，深藏人性的文化官员，与前者还是同一个人吗？他们之间难道不存在性格与行事逻辑上明显的断裂吗？戏走偏锋，陈道明的一颦一笑也就被割裂成了一块、一段，每一块再用上了十二分的力气（对于摄像机前表演自然自信的他，显然为了拿捏剧场观众用力很深），也就自然地让观众一段段地笑下去。

何冰饰演的人物则不存在这种割裂感，这也是为什么他的表演少遭吐槽的原因。本来，陈道明的角色就承载了该剧移植时几乎所有人物改编的难度。所谓演员越给力，戏跑得越偏，因为戏写偏了。《忧伤》之伤，便更多留给了期待更高的观众。

作为一部很有票房的戏，《忧伤》卖出了天价票，笑声多，主创团队应该感到满足。可在原创依然处于短板，真正的创新和探索极为稀缺的戏剧市场，制作线路如此逼近戏剧真相，也具有回归表演艺术本体的巨大潜力的一个题材，还是在错落的笑声中，留下了关乎话剧在中国命运的淡淡忧伤。

我的地下我的铁

彩色玻璃上的上海新场古镇

我的地下我的铁

因为单位从城市这一头迁到了那一头，每天在地上地下钻进钻出，耗时近三个小时，为我带来了土拨鼠一样的人生。

曾经，苦脸看着窗外单调的风景，心头怨怨地想：锦江乐园站到了，连它那高高的摩天轮有几个座椅，我都数过不止一遍了；莘庄站进站前，列车永远会有一次临时停车，且行且趔趄，生命便又被多浪费了两三分钟；人民广场站16号出口总有一个流浪汉在卖唱，破葫芦一样的嗓音，把人带入凄惶无聊……这些天天温习的功课，就这样把我余下的人生岁月给淹没了吗？

有一种深深的不甘心。

如果地铁是牢笼，人生也就满布灰色。如果跟它和平相处，让它成为真正交织于生命的景色，又如何？

渐渐地，我在无法跳脱的公交节奏中，试着转换一种心态坐地铁。

起点，虹口足球场。终点，莘庄。其间十六个站点，分属地铁八号线和一号线。加上步行换乘，单程用时，一小时二十分钟。

我总是在上八号线前,在地下"全家"便利店买好茶水,春夏秋天钟情冰乌龙茶或茉莉花茶,冬天是小瓶热茶,在争挤早班车的汹涌人流中,可以随时停下脚步,喝口茶,放放风。

总是在八号线行进方向的第四节车厢上车,那里拥挤程度低一点,即便在最不堪时,缩一缩肚子也就上了。如果拥挤中还能转头,左顾右盼身边的帅哥美女在看什么美剧日剧韩剧,角度凑巧,还能分享到一两段无声字幕版,行程也就不再寂寞。

总是在八号线人民广场站右车门下车,这边几乎没有上车者;又总是在一号线行进车头的方向上车,很难相信,高峰时间这里空得足够我靠一靠扶栏,拿出手机开始阅读晨间微信……十几分钟后,徐家汇站蜂拥而出的人流会把空座留出,疲惫的我,这时可以调整衣服松紧,喝几口茶,从包里拿出一些书稿、文稿,从容地沉浸在我的"书厢"里半个小时。

总是在读了几篇好文后,被几缕不经意吻上脸颊的阳光(或者天光)弄乱心思,意识到列车过了上海南站站,钻出了地面。如果那是个晴朗的日子,会看看蓝天,憧憬一下儿子离小升初还有多少天,啥时候可以带他看海爬山;如果是个霾天,会猜测一下颗粒指数,张望一下锦江乐园摩天轮上有没有客人;如果那是个雨天,会猜测莘庄南广场出口处会有几个小贩在趁机做卖伞生意,那个在卧地佯病的老人身边职业化地叩头悲情行乞的"孝子",此刻会不会收摊休息……

总是在走出地铁莘庄站南广场后,看到十分钟发出一批的市郊线甩开站头而去,那意味着我无法搭乘一站路,而要徒步十五分钟才能到达上班地点。骂骂咧咧几句后，我会顶风冒雨或晒着骄阳步行，练练腿力。运气好的时候，会碰到所有线路大巴发动引擎待发，这时候练练六十米短跑，往往还来得及飞身上车，遭遇几个气喘吁吁赶到的同事，寒暄一番，在几率极小的"小确幸"中，春寒也不再是寒。

我把坐地铁几乎当成人生一种"兼职"了。好在还收获了几个"衍生产品"——在不那么急着赶高峰时，我把离家和回家的一路切分成了几段，并称它们为"工余休息"。

在地铁大站的销品茂里停驻一下吃点东西，我习惯于在人民广场地下直通来福士的B1层，从容享用一杯海盐绿茶，或消灭一个卡乐星的手工冰淇淋蛋筒，在爽利的情绪中走完下半程地铁。

在上海南站下车，不出站，可以在一、三号线换乘通道吃上一碗牛肉面或真功夫卤肉饭，在一伍一拾补点随身必备物品，有时候甚至可以拾掇到做得不差的手工艺品。在人群中慢下半拍、喘一口气后，上班或回家剩下的一路用时更长，但感觉不那么挑战体力了。

我开始乐于把各种我掌握的地铁"贴士"随时奉献给上来问路、打听换乘方法、寻找厕所或购物点的陌生人。这也是被每天三小时的地铁奔波逼出来的，它让我熟稔了同路线上几乎所有的"风景"——厕所在所经线路每个车站的哪一头，小超市在哪个出站闸机附近，两种换乘方式哪一个少走几十米路，出现晕车、低血糖昏厥的乘客时，怎么帮忙。甚至，连列车靠近哪一站前有一段铁轨会不平、哪一个站的直行电梯经常有问题、哪一个站安检特别敷衍、哪一个服务中心的工作人员态度最不耐烦等等,都了然于胸。每每给人指点迷津,都感觉这种业余的"称职",是我值得珍视的"地铁经"。

四年铁轨路赠予我一个新领悟——坐地铁是可以坐出"专业主义"来的。何况,起风了,下雪了,大雨了,大霾了,地下铁里,人来人往,多一丝温馨,不好么。

没有别的来由,缘起于对几乎看不到尽头的地铁往返"生涯"的无望。无望又不能摆脱,下不了这一趟趟看来没有终点的人生地铁,才让我穷尽不快,打破烦闷,由凉转热,由无所望而生出有所谓。

仔细想想,这地铁里的上与下,进与出,热与冰,苦与爽,不断循环往复,不断汇入看似热闹之境又不断归于寂静空落,也可能就是我们当下行业,抑或今后人生路的写照。是在哀怨中挨过,还是经常笑一笑走过,或是一脸冷漠,众生相不一。

地下铁给了我什么?除了不冷漠的眼神之外,我想这用手机在车厢空荡荡时"乱弹"出的一段段文字,其实大多也是托了一种自嘲自遣自得的态度,一个键一个键地按下的心语。以至于我后来有了"伍佰下"这个笔名(因我给每一篇地铁小文设定五百个字符长度,借鉴于法国新浪潮电影《四百下》)。

地铁还得坐下去。人生同此凉热。

股疯以后

果然是疯了,在几乎日日翻红,一根上证综指的斜线高昂起超过七十度的头时,我的一位朋友显示出狂躁与自语的倾向。

"为什么别人的股票都翻了几个跟斗了,我的那两条死鱼还沉在海底?"

"不想吃东西,不想离开电脑,在交易的那四个小时里你们谁也不要打我手机,最近最好也不要约吃饭。我没有心情,我的心情都在股市里。"

"我希望证券营业部一天二十四小时都开着。我最痛恨礼拜天他们关门。"

这样的状态当然让人关切。剖及内心,他直言不讳,能不能获得财务自由,下半辈子能不能幸福,就要看这一波大浪能不能掀起海啸的高度了。

嗯,还真是。他倾囊而出,把所有可以货币化的资金都杀进股市。把亲人屏蔽在视线以外,不论是问候还是劝解,都被他很没有耐心地用三言两语打发掉。他的眼光是混浊和充血的,欲求左冲右突，涨满了热气球，如果不是指日可待的飞升，就会炸裂，更不要说突然坠地。他经常在自言自语中失控咒骂。亲人们躲得远远的，惴惴不安地看他奇怪的样子。

所幸，暂时，那一块屏幕上没有血影刀光，只有大红灯笼高高挂。但我看到这位 70 后身后的天空上，隐隐约约地升起一排海啸的巨浪。他站在原地，焦躁地期盼这一波巨浪把自己的人生整个儿地卷上天。

另一位 90 后小朋友，曾经用力来说服我买一些保险。最近，他把父母给的固定资产抛售后，连续开了三个账户，追风创业板和消息股。他兴奋地告诉我，赚了一套半房子了。

"神啊，再加把力涨半年吧，让我有四五套房子，我就能不工作了。我要天天睡懒觉，打游戏打到吐！"

现在是 2015 年 5 月中旬，春风得意马蹄轻，主宰人们生活的一根红线不断地上浮。

大概是我不识相，提醒他一句，悠着点儿，见好就出来点儿吧。他把头摇得快要掉下来。能涨为什么要跑？那叫踏空！你们那都是老股民的悲剧性格。你们就是在熊市里变得保守的。历史将证明，你们就是这一个浪潮里被抛下、被资产缩水、被宿命于原地踏步的那一拨。

忽然意识到面对客户有点失态，他紧了紧领带，挤出一轮歉意的笑。他的预判有没有道理，暂时无法印证。我只能回敬一个微笑。也许他会赢。他的牛犊之气，气贯长虹。

我看到这些年轻的做着梦的人，一个个猛子扎进席卷了几乎所有普通人的浪潮里，不管顺流逆流，都一意地觉得自己应该是那个横冲直撞到目的地的幸运者、快捷致富神话的主角。

一个能改变财务状态，甚至可能改造了生活形态，未来说不清是机遇还是一场幻梦的资金市，正裹挟着他们的希望、欲求、自信，和自我证明的饥渴，在身边酝酿着一部部剧情片。我该叫它"生活大爆炸"？剧情还未到高潮，不少人却已经深入角色里而不能自拔，一些人成了预言帝，一些人开始设计暴富以后的生活，一些人的性情起了翻江倒海的变化，一些人在还未能掌控财务生活时，已经失控于情绪和心态。

有一种可以推动人们离开原来生活和内心轨道的力量，正直指亿万家庭和个人，尤其是80后、90后甚至是快要在生活秀中呼之欲出的00后们，大概纷纷看到了通过最短时间和最轻松投入来一朝变富的风口。这个风口如此有诱感力，显示出了把肥猪乃至大象吹上天的能力，所有投入者争先恐后地挤占一个好位置，等风来。

也许，他们是识时务的。也许，股市风向的变化，会让其中的一些人"大半辈子都有了"。也许，暴富是推动这个社会越来越多人调整他们人生坐轨的动力。也许，欲望就是可以这样撬动社会进步，所谓你不跟进就会落后。

据说，市盈率正在变成市梦率。可是，"股疯"之中，怎么还是闻得到那么一种隐秘而不安的味道，而且越来越刺鼻？

大多数人的生活，真的能够通过"股疯"变得更美好吗？"股疯"为乘风而上者吹起了热气球，又能否为"失心疯"者支起降落伞？你失落时，谁接纳你回归？还是只对股神论成败，让崩盘者一个个摔出人生悲剧？同时，对于那些并未介入其中的人们，集体山呼海啸式的狂热里，你的落寞就真的指向那一个被时代抛下的宿命？在所有的躁动不安，所有的欲望奔泻里，你的不跟不乱，静心做事，自耕田园，是不是就应该被判定为失败，至少是"不成功"？

如果，这个潮、那个浪，这一轮衰落、那一浪逆袭，所带来的全体社会人的经济状况的"洗牌"和"站队"，到头来让人的存在状态、价值体认和精神世界变得越来越单一和狭隘；如果，一轮狂风过后，多的是莫名所以的幻灭感，多的是财务阵营分化后的人群撕裂和自我否定；如果，狂热的全情投入，换来的是对平和、宁静、多元的生活的迷失，让更多人心烧火燎，回不了原来的家园，我们是不是要对这种浪和潮，保留一份看淡，和警醒？

二十多年的潮起潮落告诉我，潮来了，挡不住；潮往矣，一地沙。

挺怀念那个 70 后朋友原来恬淡的笑容，"宅男"式的简单，和轻松随和的待人接物方式。更欣赏那个 90 后孩子一家家敲开客户的门，被问"是否太辛苦"时，却回答"我想对于未来自己创业是值得的"那满满的自信。

"股疯"以后，但愿巨浪没有冲掉他们回家的路。

你是谁家的"鲍师傅"

我完全不认得"鲍师傅",稀里糊涂就被"科普"了。

那天下午副刊同僚茶聚聊业务,从汉口路散局出来,还没有走到地铁口,就见几个走在前面的同僚气冲冲折返。

哪能啦?

"鲍师傅"门口排了老长的队,起码一百五十米。今朝买不成了。

啥人是"鲍师傅"?

话一出口,我遭到来自五位名编若干个白眼。

至于嘛,不就是常见的肉松蛋糕——俗称"肉松小贝"?

他们悻悻地四散回家,我边纳闷边下地铁。忽然就撞见这家不起眼的"鲍师傅"门店,和绕了两个弯、尾巴就快甩入人民广场的队伍。我立定,拿出"遇事往前挤"的劲头,在店门口打探,见两个大妈一手两袋"肉松小贝",止不住上前问"真的好吃伐啦",就被她们说不清是神秘、满意还是见怪不怪的眼光弹了回来。"从中郎厢十二点半排到现在,侬讲好吃伐?反正我还没吃过。"

禁不住好奇,想尝尝鲜。寻了半天队伍尾巴,问了最末一人,说已排了三个钟头队了。嘀咕一句:吃饱了撑的。我打道回府。

翌日,一到单位,美编小妹立刻安利了我一枚"鲍师傅"。

你也知道"鲍师傅"?

她用看非地球人的眼光藐视了我一秒钟,说,吃过。觉得好,老公也说好。你尝尝——

一口下去,里面是烤得松紧适度、还算有弹性的薄薄两片蛋糕,夹了酱,外面肉松里有海苔,"咔嚓咔嚓"加绵软弹性,再加爆在嘴里的蛋黄酱。这口感。我闭上了眼睛。

要排很长的队,你怎么买到的?

加了二十元给"黄牛"。

还有"黄牛"?

你以为哪。

反正我是"蹭"的,吃到嘴里叫好。叫我自己排几个钟头队,这"小贝"加了时间成本、牢骚成本,估计就没那么好吃。从那天起,"鲍师傅"非但于我再不陌生,且经一天天口耳相传,终于红透上海滩。奇怪的是,它就只开一家店,明显使出"饥饿营销"的招数。难怪,亲眷同事里拎回来几个"小贝"者,就跟那年第一批捧上"爱疯五"一样,眼神里写满了稀缺和得意。

"鲍师傅"忽然在上海滩成了风流时尚。

北京副刊界朋友在群里看不下去了——你们说啥?这小吃在咱们北京有十几家门店,随到随买,没见人抢购呀。赶明儿有朋友去上海,我直接给你带,分分钟的事儿!

哦。可是上海就一家,等了一个月,还是没见开分店。

继续是热门事物,继续是话题中心,继续是前仆后继排队的吃客、黄牛,还有吃到嘴里众说纷纭的"口感"。

上周,我路过四川北路多伦路,斜对面忽现三层队伍。我认字啊,牌匾上是"鲍大师傅"四个大字。这"大师傅"值得怀疑,但引发路人兴趣,排在后面的问前面的,有说"总归差不多咯",有讲"赛过去人民广场排队"。上海口音的阿姨爷叔充满尝鲜精神,新上海人和旅游路过者也是兴致勃勃。少了这一口"小贝"是要紧的,大概意味着跟不上趟儿——都不愿意被那些写满了"稀缺"和"你OUT了"的眼神和口气给落下吧?

买下两大盒,给我八十岁老母和初中生儿子。他们没有什么特别反应,没听说过,没特别想吃,没吃出特别,也没多吃一个……

我刚进家门时的兴奋劲儿没了,颇有点失望。拿起一只咬一口,嘴里果然没了那神奇的味道。

路过任何面包店,隔着玻璃橱窗,我习惯于瞥一眼货架上有没有肉松小贝的身影。昨天得知被山寨的"鲍师傅"嚷嚷着要用法律手段打假,眼看一场商战又冒烟。不过,人民广场排队的人们依旧乐此不疲。手机上出现有人用行李箱从北京装满"鲍师傅"运回来显摆的画面。

这是生生不息的小吃界潮流,是不甘于被甩出热门生活圈的人心,是热捧混搭、追求稀缺和圈子,这是一个生猛热烈又风向多变的时代。

半年之后,"鲍师傅"憋不住开了四家门店。到了 2018 年初,人民广场总店的门前排队者稀稀拉拉。走到哪里,都很少听到人再提起它了。

其实,它就叫肉松小贝。

头发的事

一年来第三次，进到我忠守了十几年的那家发型屋里，却找不到我的发型师。前台助理用神秘的语气悄悄地告诉我，五一前就回乡去了，不知道什么时候再来……大概，不会回来了吧。

让我随便挑，或为我物色一位"好"的发型师。我用失望的眼神看看对面的一排立镜，叹口气，让她们代选。

走掉中意的发型师，就跟失恋了一场。

挑得适合自己的发型师就像"相亲"，得跟不同高矮胖瘦者磨合多少次，才机缘凑巧觅得一位。找到了，也就可以放心地把关于头发的事业托付——

不管什么时候坐上他的转椅，不用开口，他就能把我的脑袋跟他脑袋里的档案对上号，修理出几乎跟三周前一模一样的头型和长短；难得张口改个长短或款式，他随机应变，多一寸、少一个弧，都服侍得贴心到位。洗头工特忙时，他还经常自己动手给我洗头，洗得绝对比小工仔细，手势轻柔；几乎每一次我的发型师都会在收尾时，用剃须刀给我打理好鬓角和颈部格外粗硬的须根，扯下黑挡布时,也一定会对长得太低的须根细心地再补上几剃刀……这最后一个动作,一个对你全无熟稔感的发型师不会,也不屑于投入精力去做。

最近一次跟发型师"失联",大概也差不多有三十三天了吧。他该是举家回迁,到家乡的城市去开设自己的发型屋了。再前面一位娃娃脸"大师",对这家大型连锁发型屋的工资待遇早有异议,尽管始终笑容甜甜地应对客人,终于一朝跳槽,了无踪迹。他之前,还有一位高个子,干了两年多,总在我面前说自己是"老员工",盘算着开一家店,并一直计较着自己开店的风险与成本控制,果然,春节后失联,应该也是痛下了决心……

满目望去,在这家我不离不弃已经十四五个年头的品牌发型连锁店里,现在几乎找不到一位店龄超过三年的"资深"员工了。都是新面孔,却再也找不回可以随意地把身体"扔"到理发椅上的闲适,再也体会不到专业、又有温度的个性化服务,再也没有一把修剪声听着清脆可人的长剪在头发上飞舞了。

在强烈的失落感里,我接受助理为我安排的一位看上去不超过二十五岁的"首席发型师"。小伙子告诉我,本店情况尚算可以,大多数发型屋的人员流动频率更甚。"你看我们的洗头工,这个月跟上个月比,还找得到熟面孔吗?"还真是。

为何频频"始乱终弃"?我心里嘀咕。

"以前做发型师,都得从洗头工开始干。洗出了耐性,熟悉了各种头型,再拜师,从烫发打下手夹夹子做起,没个三五年成不了气候。再有个两三年,积累起自己的客户。剪得好又有点人脉的,才敢自己开店……不过,现在都讲究速成,两三年就剪成首席发型师的不算稀奇,甘于给人打工,一干十年的更是没有,而想着自己开店,把所有钱都自己都挣了的,倒是大有人在。"他剪子飞快,嘴皮子顺溜。"昨天刚进店的洗头工还在跟我说,他两三年后就想有自己一家店呢。"

"不甘心是吧?"

他笑笑。

"你喜欢做发型师吗?"还是憋不住,嘴边跑出这么一句。

"有点喜欢,但又觉得这个行当不稳定。"

"可是,因为不甘心和不稳定,像我这样的老客户都想离开了,你说,究竟是谁造成了这样的不稳定呢?"

他点点头,若有所悟。

"架不住都有一个自己开店的梦啊。"他说。

我似乎无法反驳。

这时候他补上一句,"不过,今天开店、明天关店的太多了,有的就是自信可以把老客户拉到自己店里,可真开了店才知道,从水电煤到管财务、雇人、租店,撑持一家店面有多累心。我朋友里开了店又关了店,最后彻底放弃改行的,还是很多。"

怪不得发型师两三年一个轮回,都不见了。

不是他们没有梦,而是他们都有开店挣钱的梦,却没有意识到那个梦的根基,就是对眼前明晃晃的那把长剪子的熟稔、痴迷和执着。或者说,他们对这个梦的体认,只是如何生存糊口,或者最终能速速养成一棵大把挣钱的"摇钱树",而不是真的去从事好一个行当,干出一个事业。

也许正因为如此,如今满大街"发型艺术"的招牌上,我看不到"艺术"两字。

十几年前进入这家连锁发型店时,这里出落着一大拨三十岁出头甚至将近中年的"大师傅"。他们穿着得体,谈吐不俗,对发型和时尚的见解是跟顾客的主要谈资,不经意闲聊间,适合客人的发型就出笼了。十几年后,"大师傅"难觅踪迹,口碑店难找,撇开客观因素,有几多是由于开店者和发型师主观偏差,有几多是因为办店无"心",对剪刀人生无"爱",才错失和夭折了一批又一批原本以"弄头"为生为乐的年轻力量?

这次"失恋"后一个月,再进这家发型屋时,已经是一位刚刚跳槽来的女发型师上阵服务。

这是一次不忍回忆的经历,但还是不能不提一下。

多年前,这家以全手工剪为标识的连锁店里,偶尔出现发型师用电推刀修修鬓角,会遭客人投诉。两三年前,用电推刀修鬓角的发型师多了,"快剃"是时代"潮流",我选择了不抵抗。这一晚,这位女"剃头匠"(容许我这样称呼)用电推刀把我整个头型用几分钟"削"出,用了不超过削两个苹果的时间。衡量真功夫的长剪,则成了她理发技艺的点缀。待我睁开眼睛,只能接受一颗毫无个性的新剃头,和一个被剪坏了的心情。

发型业的凋零,怪谁?

回到家,丈母娘说你理得好快,头型看上去还不错嘛。我看着她手里正在刨着皮的马铃薯，挠了挠头。

决定抛弃这家曾经在市北地区牛气哄哄的连锁店，重新"恋爱"。

地铁里,谁的琴声寂寞

正在开往市中心的地铁上迷迷糊糊,忽然被一个旋律惊醒。小提琴拉出《莫斯科郊外的晚上》,节奏舒缓,音律齐整,以为是手机铃声,四顾车厢无人应答。目光扫向隔壁车厢,发现了一个正在拉琴的背影。学生模样,戴着角帽,小提琴在他手中娴熟地晃动。

在晚上九点过后的地下铁,被熟悉的一曲摩挲了一下,心头怪舒服的。

我琢磨,近来地铁卖艺人的水平似乎升级了。前一个晚上,差不多时间的一趟地铁上,走过来一位乡下老伯,能把笛子吹得婉转哀怨。曲子是 87 版《红楼梦》的插曲《枉凝眉》,显然是自学后拷贝。整体吹奏并不严谨,技巧也时有破绽。可是怪了,老伯就是有本领让笛音平润地从他口中流出,节奏也心平气和。高潮处,有顺着情势的发挥,笛声如泣如诉,一下子把我的愁绪给勾出来了。

那一刻,地铁空气凝固,乘客的脸在笛音中各自憔悴。

在所有我曾经遭遇过的长长短短的卖艺乞讨队伍中,这把笛子依然水准业余,却最是幽咽动人。老伯没有表情,前面牵着他的老妈妈手里的空罐里,不断听到"叮咚"声,他却不管不顾,没有喜悦,径自边吹边移步。他在自己制造的乐声里,走进的是怎样的陈年旧事?无从判断,我却从他的笛音里隐约感觉到了另一重世界的存在。这个世界,顺着那把笛子,哀伤地碰了一下我的世界。尽管,他只是一个闭着眼睛乞讨的人。

而眼前这位小提琴卖艺人的水准,一下子就足以把吹笛老伯甩出几条弄堂。莘庄出来不过两站,只有他一个背影站着,两节车厢里数得过来的乘客都不说话。工作一天都累了,没有跪在膝下生拉硬讨的孩子和他们的看护人已经不错,不要说还算得上悦耳的乐音了。有人干脆把头虚弱无力地歪着,欣赏着难得能在地铁里听到的小提琴演出。

凭声音和拉琴动作判断,这位卖艺人一定是专业学生。

也许我的耳朵挑剔。一引进"专业"两个字,就开始觉得琴声异样起来。

我知道如果是在琴房里,男孩子这样的拉法,是要受到专业教师斥责的。运弓的平稳度不够,导致琴音经常"打颤",略微还有些走调。他掌握着几乎所有的提琴演奏技巧,却拉得漫不经心。为了尽快"完成"《莫斯科郊外的晚上》的高潮部分,他缺乏耐心地把节奏拉快。曲子收尾后,他放下琴,用目光向两方座椅上的观众寻问收获。

隔着车厢,我看到有位长者起身,往男孩集纳钱款的帽子里,投下一张绿票子。即便被男孩背影挡掉部分视线,我大抵能知道这是一张五十元。长者冲着小伙子比划了几个动作。列车停靠后再启动,车厢里又响起了"土耳其进行曲"。

这一次,卖艺人完全抛开了朴实的拉法,全程炫技。变奏,变速,拆分旋律,跑双弦……没错,他是个专业学生。可是,不知为何,不独我开始焦躁不安起来,那个车厢里的乘客,也不能集中注意力,有的自顾自说起话,有的翻看手机,更有人打起电话……

草草一曲后,孩子还是急着寻问更大的收获。可是,他竟然所获无几。

一个专业学生和一个专业乞讨的老人,地铁上两个完全不在一个水平线上的卖艺者。一个令人意外的结果。

不能怪孩子站错了地方。有些该放到专业的氛围里,发散出美和光彩的东西,换个完全不对的环境,那个环境是下里巴人,是简陋嘈杂,也不一定是件坏事。帕格尼尼在街头拉过琴,波隆贝斯库在粗野的乡村酒馆里张过弓,那些金子般的音色,镇住了完全不对路的气场,聚集了人们的敬意和赞叹。

我想,那个男孩子,他只是不懂他手上这把琴。它不完全是经济拮据时的荒腔走板,更不能跟那个收钱的罐子或角帽画上等号。男孩也许没有意识到,不管他站在一个由多么不懂欣赏艺术的人群所组成的城市寻常角落,他的音乐也不能降格,他的章法不能乱,他的心意不能远离音乐自身。

可我听不出他演奏里的喜欢或沉醉。或者说,在他的琴音里,没有对自己的高看，对音乐的敬意。

国际大都市里出卖演奏乞讨的人并不鲜见。我记起那年夏天，在赫尔辛基一个风和日丽的下午，芬兰湾边人流如织的露天咖啡馆，那个每天下午出现两个小时的正装少年，那一把令人叫绝的小提琴和好技艺。他收拾琴盒离开前，有两个客人上前给钱，示意要他摆动作拍几张照。男孩子礼貌地摇摇头说不，装好琴，背影在夕阳下变小。在渐渐强劲的海风中，他的西服明显大了一号，瘦削的肩膀更显单薄。服务员告诉我，他只拉琴，不怎么说话，也不接受任何拍照，可他的琴拉得真好。收摊了干什么？他说，少年大概还要回家做功课吧。

我又想起了来福士广场门口，一个其貌不扬的汉子，一把吉他，一个站立式话筒，唱崔健、张楚和许巍。赶来的城管已经控制住了他提着功放的同伴和其他器材。可是，"歌手"淡定地说："我跟你们走。但是让我唱完这一首好吗？我唱HIGH了。"于是，他的嘶吼穿破人群，连城管大叔都定住了，安静地等他唱完，把他带走。他唱得，实在是不可思议的好。

不无遗憾地让视线跟随着这个地铁里拉琴的男孩。有时候，地铁里、马路边、麦当劳门口，有点音乐，不完全是打扰。走过的人群也不会对真正需要帮助的人无视。

只要你多爱你的琴一点，多爱你的音乐一点。或者，多爱自己一点点。

股市这条河里,你是那个悲怆的抒情者吗?

那一两年,当我们学会了看 K 线,股市从六千一倒写成一千六,教会了我们"风声雨声政策声,声声入耳";今年,当我们乖巧于"听得风便是雨",齐步跟着这个新规那个解读还有发言人走的时候,太阳马戏式的倒栽葱,又让我们懂得了在这个"市"里技术再纯熟,脸混得再熟,还是会在那一根杠杆边缘或那一个指数市场里"喝下你藏好的毒"。

我在通向地铁的人行道上,看到相向而行的两位老熟人忘乎所以地大声嗟叹,手握在了一起。又在快出轨交站的一刹那,看到挡住直行线路的小男生垂下了看股票的手机,猛击了电梯扶手两下。最忙碌的时候,朋友忽然要跟我视频,然后那边的熟识不熟识的人都在上面跟我招手说"HI",热情得有点怪异。"她们今天全都跌到发疯了,全体都在痴笑,笑个不停……"朋友说。

我看到一个河南的好友忽然在圈里发了句"想流泪了,把头仰成 45 度角,装作看星空"。这个时候,再以为别人是在为自拍做抒情，就是情商负分。还有小朋友在群里说，"别再骗我，两次就够！"娴熟的微语言里，颇有几分从杜十娘那里传习的看透与哀伤。

有人是在跟自己较劲，有人在对客体哀怨和抱怨，尽管他们不十分清楚抱怨的对象应该是谁，是哪一只手拨弄得生活如此巨震。

几乎很少有人完全置身"局"外，你不在股市里，你的亲人、朋友、同事在，一亿股民牵系的潜在情绪和意识流里，连最应该保持理性判断的媒体都按捺不住地"绿"了头版，几乎所有的新闻类公众号都把陈述句变成了感叹句，甚至祈使句。败落的情绪成倍放大，落完梅雨后的大地，一片看不见的硝烟，依然刺鼻。

世界似乎都变得非常情绪化，其实是因为对付一个不需要、不能够意气用事的大筹码游戏。对大数据盘子来说，每个股民是微不足道的小数点后某某位，但在百分之一百自己的经济生活世界里，那些突如其来的起落足以构成人生的悲情段落。在失落情绪的打击下，每一个参与者，都有变成抒情者的可能。而事实上，长夜难眠，情绪失控，抑郁焦虑狂躁，几乎是每一个从高处跌落者都有过的刻骨体验。

为什么我们面对由公司、机构、报表、数据、线路组成的股市，一条冷冰冰的，有时候惯用夸张修辞、又经常泛着泡沫的河流时，是这样子感性的？为什么即便大落大起过后，仍然很少有人上岸？从二十世纪九十年代进入，完全脱掉泳裤的归岸者，怕是不多。而这些年，这条河里又多了很多染料和泥污，弯道和暗流更见丰富，又新开了支流，这里开闸那边建渠。扩建的河流，不断有人跃入,水性永远只是你尽可能游得远一些的要素之一,还有很多不可控、不可知的暗流汹涌,往往在你呛水挣扎时才开始明白。那个时候,往往已经喊不出声了。

终于明白这是一条梦想和命运的河流。很多人期待改变生活的样子,也有很多人说"玩一下就好",结果搭上了青春、中年、老年。

这是一篇写不完的散文,如果它只有抒情一种笔法,那就跟这条河的游法南辕北辙。大多数时候,它跟抒情无关,决定于人性中的坚持与柔韧,知性与不贪,放达与沉稳。它在每一个急转弯时呼唤危机与自卫意识,却一次次遭遇弄潮者们一往无前的激情。如果是这样,那这条只有劈波斩浪才能泅渡的河流,对亿万抒情者,最终还是变成了"天下第一漂"。

一个由大量抒情者组成的股市,无论多么言出多头,抑或悲伤逆流成河,也挡不住大江东去,到时候,别只做了大浪上的漂浮物。当然,这是不容易的。

写到这里,我招了——我也是这河里逆流的抒情者,至今都是。我一次次地摆脱悲情者的定位和抒情者的宿命。不过,看来的确并不容易。

这又怪谁?因为这条河流,你我至今没有摸透。而对于自己,至今也不能说了解。

有很多鸡汤式的劝解叫股民看过去的经验,对未来有憧憬。可我只记得叔本华的那句话:"没有人生活在过去,也没有人生活在未来,现在是生命确实占有的唯一形态。"你的形态,尤其是内心形态，只有你自己感同身受。

　　下周一来临前，大概只能再抒情一次：落水时横竖挣扎，不如沉稳踩水，你我抬头看天，不管是不是45度，或许不一定没有穿越这条河流的希望。

对面的店家看过来

我天天走过虹口的这个十字路口,头一家门面店,总叫我记不住名字。

也难怪,上两个礼拜,下班饿了,顺手就买上几两生煎,当时店招上好像是"吴江路生煎"。

昨晚想吃生煎,走过店门,却飘出栗子香,那口整天油腻腻的生煎大锅不见了。抬头看店招,摇身一变叫了"恩好栗子"。哦,变得真快,我想。顺手也就秤了一斤售价更高的糖炒小栗。

之前两个月,记得这家店叫卖的是韭菜和鲜肉盒子。打工妹子一把大口铁筷子在手,熟练地翻腾着沸锅里的面饼子,那席卷一切饿死鬼的味道,到现在记忆犹新。

再往前数,当我还穿着羊毛衫的时候,它还卖过榴莲酥。就是惹得满大街要么有人深呼吸、要么有人掩鼻而过的榴莲酥。一女两男三个年轻小工现场开作坊,大板上揉面,面盆里切果,和一点鸡蛋。一时间,门口排起过很长的队伍,天天排到晚上八点以后。几周后,逐渐没人排队了,它又开烘白蛋糕。

这真是家神奇的小店，一年四五变，你说不清楚它究竟是卖啥的。想想也就明白，老板是个活络人，春夏秋冬，啥好卖就卖啥，不死做一种吃食。

这家店过去有三家门面，有一间甜品店，在街道破开门面的那一年就租了进来，自此一屁股"坐"死。

这家才十个多平方米的小店装修得一色白，隔着玻璃，可以看到逼仄的堂吃区域，时常坐满了穿着潮衣的男男女女，慵懒地抿一口果汁，舀一口芒果班戟或是杨枝甘露，唰唰唰地蹭网，这一看，跟下班过路觅食的我分属两重境界，也就没有顺带买鲜肉盒子或生煎那样的想法冒出来。

曾经，总觉得像我这样的中年以上客人几乎一次都不会走进去消受甜腻之物，故而十分怀疑，才挤得下七八个椅位的这家小店，能否开得长久。

时间刷过了四五年。甜品店左边的鸭脖子店换成了米粉店。米粉店支撑不住，换成了港式烧腊店。后亏本转租，现在是做指甲的，依然没生意。甜品店右边，我记不起它的前世，现在是炸臭豆腐的。再过去一家，金属画店，倒掉后曾转做七浦路批发来的女装，不景气下转成了"千里香"，又因一百米内开了四五家福建馄饨店，很快做不下去。几天前，门口摆放了花篮，开炸台湾大鸡排。油蚝味直接冲出敞开式的柜台，跟街口那家糖炒栗子店气味相投。

整条小街口，只有白花花的甜品店，几年来岿然不动。唯一几天歇业，是翻新装修。换上的依然是白色墙纸，它那两扇透明的落地大玻璃，干净利落地把门外所有的烟熏火燎和嘈杂，挡了出去。

有一次孩子放课想吃甜品,为打包外卖,我第一次进店堂等了三分钟,见识了榴莲班戟加冰激凌的制作。雇工叫我坐下等的歉意微笑,戴着手套的标准手势,打开冰激凌桶前核查出产日期的认真,和一再检省打包袋会不会漏的"强迫症",逐渐打开了我淡然的表情。回到家,忍不住也尝了一口,没吃出什么特殊,只觉得奶味正点,有一种放心感。

众多店家张灯结彩,又人去屋空,生生死死,足以映照出即便在这个看上去人气鼎盛的传统旺区,做小吃糊口的实体街铺,似乎并不是那么容易谋生。

那么多小店昙花一现,不是收不回本,就是资不抵债。有幸见证存活下来的上面两家"命大"的小店,一家别出心裁地活成了小吃市场里的"变色龙"。它用一套班底,掌握南北四五种小吃,换着季节,揣摩着市场冷热,维持着只做低端、打一枪就换的商业路数,估计经济学对它更感兴趣。另一家认准了卖甜品的单一路线,一开头就不那么粗放、不追求变通,只在做精、做久、做服务、做人情味上下功夫,就像它一直坚持在十平方米狭小空间里主打单一的白色,倒是将当下小商小铺如走马灯般改弦更张的惨烈浪潮,挡在了门外。

这是个提袋消费已经式微的时代。对于商业老区的小街铺,体验式消费的重要性还根本抵不上"卖点东西抵上租金"的小贩心态,很多开店人还抱着"一铺养三代"的欲求而来,却不知在上海马路边的繁花切转之际,"三代养一铺",才有可能做出一个真正持久的金边饭碗。

我不免间或为那粗放的变色龙小店埋几块钱的单。也总不免在下口之后，叨咕那生煎毕竟不是真正那块吴江路生煎牌子下的好肉好皮，疑心韭菜饼的油色是不是靠得住，思考那"恩好"为何少了正牌门店应有的香味。这大概映射着眼下，勉强挣扎在生存线上的很多小铺面小店家共同存在的bug，共同的无力与无奈，以及，我们消费时所共有的自嘲与尴尬。

我也不免会被那家最终还说不定会不会一直开得下去的甜品店，牵扯一下视线，偶尔掏下腰包。在"开口"的同时，难得地感叹一下小店家的智慧与踏实。在理性和情感上，我更认同在时下传统旺区商铺面临价值重估和门店倒闭的浪潮中，这一张汪洋中的小舢板，拉扯一面小小风帆的艰辛和坚韧。

几百米外的龙之梦，伫立着几百家招牌靓丽的大食肆，它们在入夜后光鲜着，可是，其中的生死翻牌戏码也早已上演，路过的人已经见多不怪。

这依然是鲁迅先生当年不免走走停停、也可能经常吃饭喝茶的一个区域。高堂楼宇背景前的小甜品店，太不显眼。时代商潮切换的巨浪之中，它更显得势单力弱，说不定，门面突然提租、原料渠道断裂、雇工成本上涨等一个个猛浪过来，翻船或倒扣也不无可能。但是，在更多不那么讲究、不那么地道、不那么懂得自危自救的门店明灭的灯火中，它尽管是微光，可还是有一丝来自普通人的，倔强的坚强。

补注：本书出版前一年多，这家曾经坚挺的"小舢板"也关张，湮没于景气度的大浪里，它甜蜜的味道终成街口的绝唱。

我看到你骄傲地剩着

老同学神秘地对我说,你那边有没有男孩子?

这口气,好像我是一口人贩子。

她说,介绍给我侄女,我都快急抽筋了。

我说,你抽一个试试。

她捶了我一肩膀。说真格的,有没有三十到三十五岁的男青年,许配我家那疯疯傻傻的丫头?

我把头摇得拨浪鼓似的。也不看看我啥阶层,四十好几了,有家有室,还能常跟处男混?

她白了我一眼,别处男处男的,把我对大龄男那点美好预期都跟生理联系起来。年龄不是个事儿,看他整体,整体不错,年龄可以适当放宽。

你那姑娘多大?

二十八。

多年轻啊,着什么急?

她又白一眼。你懂个屁。相了半年,不下十次,要容易找,至于问你——你在大学时可是木头一块啊！

喝，把我给气的。

可是，我终于也明白了，如今二十五岁奔上的女孩子，已经有了婚嫁之忧。

更急迫的，恐怕是她们的父母大人。这几年不得安生，碰上过多个要求支援男孩线索的妈妈，围着我追问加牢骚。我是个心软的人，也就常常搜肠刮肚，几乎把我通讯录里上千号人都撸过一遍，最后总还翻得出一二，其实男孩们的条件都已够呛，妈妈们却如获至宝，眼冒星光，抓过爱司、老K，就开始拼凑一副好牌。

其实，几乎没有打成功一副。

终于，连不很熟悉的朋友都被挖掘出来。离离原上草，就剩几棵枯根了。有一天，我搬出了一个有过离婚史的同学。大妈说，还好，无孩，行，约！

心里老纳闷：你知道人家为什么重新落成单身？你不怕他在你闺女身上重蹈覆辙？可看着对方眼神里那一层"处一处，总比空守好"的意思，就咽回那句话去。

我知道，那女孩子的母亲，心里老苦了。

这已经变成一个社会问题了。

女孩子们大多优秀，条件不赖。有的房车也已置上，足见身边没有成功男人，她们自己反倒成功地在社会上落下一只脚。只是常人眼里，一只脚站社会的女孩是不稳不牢的。于是，她们需要找另一只大脚丫子，深深地插进人生这一个大坑里。

一直相信，在上海这样一个商业气息、市民味道、规则意识相对突出的地方,就算柔柔弱弱的女孩子,在这一方水土里出挑扎眼不是太难。相比之下,男孩子在温软优裕的环境和过于整齐划一的教育模式里,很难打造出钢筋铁骨和遗世独立的气质。与优女相比,优男就显得储备量不足。

更何堪,骨子里,男生总会自觉不自觉地青睐弱于自己的女生。这恐怕不是社会进步不进步的问题,从张生莺莺到宝玉黛玉,从西门瓶儿到学良赵四,从振宁帆帆到姚明叶莉,无不如此,就算杨绛有才至太婆级,在锺书先生面前还是伊人一枚。男人的现代肩膀再瘦削,终究也是可以让更羸弱的身子搭靠一下,而显得强大不少的。这恐怕是更真实的人性,而不只是关于理想人性的几条原则,能改变得了的。

以前,大城市里没有盛产那么多漂亮、精干而又会生活的职业女性。偏偏,如今不是。

这里的"会生活",早已不是待字闺中的那些传统生存或女红技艺,而是她们已经在大都市的生活仗列里穿梭有余,即便不在豆蔻之年来临后一例地操练卿卿我我,也可以活出一番精彩——背个包就独自旅行,写个字能装进专栏,泡个吧还不鸟俗男,凑个饭局还只要女性的,多了去了。

不能说,她们就没有"寻寻觅觅,冷冷清清,凄凄惨惨戚戚"的时光,不会潇洒得一律无视了时光与"淡淡的哀愁"这档子事。可至少在我目光所及的女性朋友中,她们自己是不会有家中老父母表现的外在急切。尽管,她们心中也许免不了煎熬。她们会选择排遣,或者在更多的忙碌中,用自得其乐来冲淡这并非唾手就能解决得了的困惑与愁绪。

我身边看得到的这样的好女孩,不能算少。

这样莫名就被剩下了的,却并不唉声叹气,还活得熠熠闪光的女孩,也不是个别。

大过那位二十八岁女孩者,海了去。可我看到她们迎风吹乱了头发,撸一撸平,别上一个发夹,继续开路。看到她们出席姐妹婚礼时面对触心的"何时传婚讯"的调侃,用嘻嘻哈哈的一句"大约在冬季"来打发,继续乐呵呵地享用龙虾钳。我也看到过其中一位甜妹子在我充当介绍人的一场约会中,对着连我看着都觉得琐碎的男孩,却始终挂着大度的微笑,事后一句云淡风轻的"再给我介绍吧,实在不行我就剩着吧",伴着银铃般的笑声。

"剩"的天平不幸地让很多优秀的女孩子们一起扛着了。托盘上的人越来越多,还有她们穿梭于人民公园相亲角的母亲们的希望一起压磅。那一头,则高高翘起。

说实在的,那些女孩和女孩母亲们所苦苦寻觅的另一半们,其中倒有不少让人一声叹息的。有五短身材却还专职"外貌协会"的,有花个块儿八毛还要跟女孩AA的,有出轨离婚在前还在众人面前嗨瑟自己"重新变得抢手"的,有听到女孩文凭高过自己而当场不喜的,有要带母亲一起相亲,说话大多让母亲"代言"的……男人若是,何堪好述?

可是,据说,世道已经变成"是个公的就有去路"的样子了。

看多听多了,我也为女孩们感到时不我待,着急于她们怎么不先下手为强。啐了自己一口——真俗。然后,也经常以"大妈"口吻,劝告那些还能把我视作朋友的女孩,在自己尚年轻时,筑起一道大坝,把还丰饶的优男拦下。就像排队看老专家,先把号占下。爱情?你连预约号都没有,还爱情?!

这种劝导,多少无奈。

上周末,在一处酒吧,跟我曾同游德国的一金童、一玉女同饮。女孩88年,一边喝酒一边还在两个手机上拨拉公司里来不及干完的工作,没有男友。男孩91年,已在肩上文上了想要明年娶过来的女孩的芳名,一副急着要当爹的样子。

"你怎么就能不急?"持续开导那个至今唱着山歌过日子的女孩子,我都喝得有点高了。

可她还是那一句,"我妈比我急。可我就是还没有想要恋爱的感觉,急,有用吗?"

我看着她说这句话时,脸上风清月明,纯净坦然。

"就这样让我剩着呗。也许我就可以这样骄傲地剩着。"

霾伏

华尔街英语里一片嘈杂,公开课在教如何在CASINO下注,气氛爆棚。这本该是很有兴趣参加的实用一课,可我远坐沙发,按兵不动。有点疲倦时,我通常更愿意保持一段距离看看这个空间。

完成了几个课程后,不久后就该结业离开了。在这里的八个月里,一切按约定的规则运转有序,如有逾矩,轻则提醒,重则,群众的眼睛把你"盯"死。比如,进了门就该讲英语,不管你是言不及意,还是只会几个单词,都得大声诵出让你羞死的发音。有一次,待了几个小时后钻进电梯下楼,终于跟身边学员如释重负地说了句中文:"总算可以说我亲爱的母语了。"结果,人堆里潜伏的女教官用英语和颜悦色地教训道:"在这里的每个地方最好还是讲英语,OK?"

周末英语角座位紧俏,偏偏常有书包或作业本占着座却不见主人,不出两天,这张桌子上就会出现英文提醒:把座位还给听讲者,请撤走不必要的文具!这里随时提供免费的咖啡,但,它紧临敞开的英语角,如果开课时有不识相者用机煮咖啡的噪声打破一派安宁，学员会齐刷刷扭头看那个不懂规则的尤物，似要秒杀他于无形……

一剑之隔的窗外，是闹市区的繁华路口，这两天雾霾正重，可架不住它地段好，人气旺。在这里，也有一套条条框框相差不多的规矩，然而，这些规则似乎并没有因为空间变大而变得管用，环境也丝毫没有变得大而安静，相反，由于很多路人和居民"勇于"打破游戏规则，只按自己意愿和方向行事，于是，这里经常发生着"火星撞月球"的戏剧性场景——这边响起炸臭豆腐油墩子声，那边闯红灯者惹毛司机按得喇叭炸响；这边小广告恨不得贴到你身上，那边三五一排的游客像长城般挡死了后来者的出路；这边有人飞痰，那边地铁口唱歌的流浪汉送出他超级陶醉的破嗓音，而几步之隔的公交上，面对老弱病残，坐者视若无睹。偌大的空间里火星频繁冒出，恐怕就算来自星星的 X 先生腿再长，也挣脱不了这说不清道不明从哪里生长出来的生猛习俗。

如果你不堪忍受这样的"接地气"，那么，来点现代新生活如何？如果嫌人民广场这个空间还不够大，还有一个更高大上的地方去——让我们上上网，看看那个似乎无边大的世界，是不是一个纯善美丽的有序之邦。当所有的新鲜、透明、好玩、庞杂、便利、过瘾一股脑儿袭来，被你体验到厌倦了的时候，你有没有产生一种骨子里的怀疑——那个"互联网精神"统治一切的网上，真的出现了一个比现实膨大无数倍的精神伊甸园了吗？答案，在雾里看花中若隐若现。

你看，扔钱烧钱就可以控制的庞大消费流，正裹挟着"不捡便宜白不捡"的盲目信众们，以对"低价""免费""补贴"所圈围起来的"网络乌托邦"的狂热簇拥，撞开了几乎所有线下商业、媒体、版权的生存业态之门，一路冲击着包括自己所从事的行业，冲击着对人类传承举足轻重的文化价值观，冲击着传统而有亲和力的面对面人际交流等在内的一切生计之路或文化、生活形态。在这片像雾像雨又像风的模糊世界里，传统行业（如纸媒和很多手工艺制作）是可以武断地被算计到某年某月甚至某日就可以死亡的，尽管它还在被继续吸血与侵权；公共交通如打的，是可以被谋杀式的"补贴"垄断了通路的，尽管钱烧到最后，连三呼"打车革命万岁"的信众们的老弱病残亲人，也只能被"抛锚"在路上；漫天"红包"是可以烧红网民的眼球狂欢跟进，却同时捆绑银行卡乃至捆绑住你几乎一切消费生活于无形的，可你还是在为你意识不到的"消费通路霸权"莫名兴奋甚至喝彩；那些号称粉丝百万十万的自媒体，是可以一边收着会员费、挂着广告，一边剪贴着原创媒体的血汗结晶的，尽管他们对外声称，这是智慧和互联网精神的成功套现……

恣意妄为的消费主义，利益诉求至上的实用主义，"人人算我，我算人人"的利己主义，"只讲跟进速度，坚持淘汰传统"的野蛮"进化论"，比现实生活有过之而无不及，铺张蔓延着。一切摧枯拉朽，不费吹灰之力；只要大声喧哗，不怕人多势众；更多散漫无序，不在乎你烧（钱）死我、我阴谋你。

在精彩的互联网世界巡游已久，终于还是看清楚了一点——如果我们的真实世界是"好脏好乱好快活"，又怎么能奢望虚拟世界里出现自我澄明和公平有序？现实社会不仅在街上，在广场商厦里，更投射在网上。网络可以自洁自净？这个说法不是天真，就是天真过头。

坐在长沙发上，远远地看着学员争先体验抢注抢筹，模拟的"CASINO"英语场景里气氛沸腾却井然有序，不由得就会有这样一种感叹，为什么连一个业余补习课堂都做得到的简单规则，在现实和网络世界里常常可以一次次地被我们自己忽视和糟践。

发呆时，有位学员推开了窗，当下时髦的话题主角——一片薄薄的雾霾，借助一串焦煳味儿，一溜烟窜了进来。立即有学员叫"关窗"。

自然界的这个不速之客，人人痛恨和议论，为了肉身生存环境的不堪，我们霾怨来，霾怨去。可是，回过头看人来人往的精神、人际和文化空间，有没有遇见霾，呼吸着霾，沉醉于霾？如果精神上不能顺畅呼吸，吐污纳新，自然界纵然无霾，我们的大脑和内心会否依然清白？如果治自然之霾少说得用三十年，那精神世界之霾，有办法治吗？

我们，都深陷在霾中。

营造和躲避在一个小空间里，守着规矩憋着习惯，不难。就像我在这样一个号称"与国际接轨"的课程里，可以阶段性地树立起一些习惯。不过，推开门和窗，把自己交付给学校对面的那片世界的时候，不得不承认，我们大多数人内心的老脾气和对原有脏乱差环境的难以"断奶"，乃至骨子里的"上瘾"，又会顽固地钻将出来。你看，是不是我们一跌到现实的大缸里，就会不免在心头嘀咕：事事讲规矩咋那么憋屈？脏乱一点怕什么，只要便利也实惠不就行了？人多念杂，我管别人感受干嘛？大家都大嗓门，心急上火挤时髦趋利，谁冲在前面谁得益，我为什么要慢吞吞、笃悠悠？……

那点内心活动在身边无所不在的无序、无礼仪、无规则的那片"霾"中发酵，即便我们身处加塞儿、设摊、喧嚣、抢档、碰瓷、暗斗、杂乱无章、尔虞我诈，时日既久，就不知不觉还会有点认同——这样的生活不也挺有质感，挺接地气，挺因地制宜，挺机动灵活嘛？于是乎，阶段性修为后"来自星星的你"，不由猛吸几口这脏兮兮却亲切无比的空气，哪里还顾得上数什么颗粒物？哦，其实我们的心肺，都已经浸染久了窗外的一切，都已经驾轻就熟地中了"霾"伏了对吧？

这样的心与肺，是否都该摘下口罩，洗洗？

每家都可能有一个广场舞大妈

大妈是什么?

是挎着篮子跑菜场,牵着孙辈坐"摇摆摆",跑着医院送煲汤的那一群人的指称?

这种认识OUT了。清晨或入夜,她们在露天广场或街头空地,整齐划一地扭着腰臀——这恐怕才是如今的大妈们最显性的存在。

昨晚,加完班的我在饿昏之际向着仲盛广场冲锋,便发现通向正大门的每一道直线都舞动着一排大妈。我是绕着弧线,才慢慢逼近销品茂的美食广场的。

每当我快要跟一排领头的大妈撞上时,她们都是一副受到惊扰的生气模样,不过,我对她们笑笑,她们也就爽快地回敬微笑。有位大妈边舞还边腾出手来,指挥我"溜边"走。

大妈们知道吗?许多人说到她们,一脸的不耐烦和不屑。原因,简单。她们占据了公共场合,放出高声贝的音乐,惊扰了本该宁静的夜晚和清晨。还有一层原因么,没有人跟我说起过,但我多少感觉得出来——

  大妈们奔放热烈地炫出的形象，与传统意义上的"家庭妇女"大相背离，多少"惹"出了违和与不适感。你看，终日劳碌隐忍、入夜赶早熄灯的"慈母手中线"，突然被跟其年岁、体态反差很大的舞曲风、时尚操扭成了"广场热力妈"，还动辄数十上百人地列阵，无所顾忌地谈天说笑，不拘一格地交换舞伴（这其中还有大叔们积极参与的功劳），成为无法再被忽视的风景。甚至于，连比我晚生多年的一位80后朋友都扔下了一句"广场大妈，令人害怕；看了大妈，我很想家"，以表达他更希望"大妈回家"的心态。

  话说回来，那一晚，我溜着边，停下了脚步，还是欣赏了半分钟大妈们的舞姿。尽管"最炫民族风"的节奏不慢，但操和舞编得还算让人跟得上，热舞的关键动作，则被大妈们灵活地替换成了扭跳难度小很多的甩臂和踏步。

  即便最华彩的扭胯段落，连接幅度还是轻微的，几十人往一个方向摆臀，还是蔚为壮观。

  她们不只是在乎队列和动作的整齐划一，每个人都有创造性的改编，动作幅度依照着韧带的松紧、关节的好坏。

  "有戏"的还在于她们各异的表情。领头的往往陶醉和张扬，紧跟的各人姿态舒展、表情自如，更大范围的跟跳者则不怎么有表情，跟打太极练气功似的，纯粹是"运动中的脸"。

  其实，每个地段的广场舞风格都不一样。离家最近的四川北路绿地公园是更强劲的交谊舞场。吉特巴、伦巴的节奏，只有40

后、50后男女才跟得上;旁边的印度舞别致而小众,大妈们的身材更紧致一些;迪斯科舞场则老少通吃,一些花甲大妈盛装且浓妆,舞技有点达人风范……

一边看,一边禁不住疑虑,这些广场上欢姿起舞的大妈们,真的就那么讨人厌?

大妈们的生活姿态,其实无法突兀于一个时代。

这个时代,家庭结构和生态变了。多人口家庭的重劳力母亲,更多地转型为帮衬带一带第三代的奶奶、外婆,而更多独立的三口之家,则相应地把他们刚入中老年的父母"隔"到了一个不那么整日介忙碌的小世界里。大妈们不再为家务杂碎奴役,大妈们也不愿天天在家无休无止分析糟心的"婆妈剧",大妈们吃完饭、倒完垃圾,出来透透气。故此,难免就有了社交型生活的需要——就在夕阳老去,夜色沉沉之前的那一两个钟头里,跟老姐妹唠唠嗑,跟邻里好友分享家长里短,跟同类群的人们交流保养和健身要诀,当然,还有独居者跑到人堆里交新朋友,寻找和接续未来生活的新线索。这些,未免都是需要跟人接触,以及一个公共交流平台的。

站在大妈的立场上,广场上的嘈杂喧嚣也就没有那么让人大惊小怪。有时候,甚至觉得连单论大妈跳舞这事都饱受青年甚或小不了大妈几岁的中年大嫂们的冷眼,对大妈们也多少有点不公平。入夜了,未婚未育的儿女们上了馆子,泡了K房影院,拉手逛着街,有娃的和死宅的再不济还能在网上冲浪英剧、美剧和打怪兽,而你们的母亲、大姨们(据说并不严格地划定了大妈的年纪是五十五到六十九岁),大多没有流连于饭馆影院的潇洒与财气,不想与满街满巷的洗脚屋、烟味呛人的二十四小时麻将房沾边,点一点鼠标则觉得劳神费眼,看管了一天孙辈也烦了、倦了。她们,也得有个伸展伸展腿脚、抖擞抖擞精神的去处啊。

放眼世界,非唯中国,大妈需要晚间生活,在各国都是正常诉求。为什么别国没有广场舞大妈?

2009年冬,在美国的小城伍斯特,下着大雪,我亲见音乐厅里聚满了大妈大叔,连坐着轮椅来的都是正装,领位的全都是大妈。她们告诉我,小城里的古典音乐会,买票的几乎全是老人。是因为交响乐不被年轻人待见?她们说不全是,让我去票房看看。一看马上懂了——那里的古典音乐会,票价比一般的流行乐演出高出一倍以上。宽裕的退休金,静谧而彬彬有礼的观赏氛围,让老人们成了常客,反倒是年轻人在其中显得扎眼。当然,这个在欧美国家常见的情形,上海也有相似一幕——不在豪华剧院的晚间,而是在一些音乐厅的非正式演出场地和时段,比如中午十二点,有十块钱一张票的小型室内音乐讲演,可是,偌大一个上海,每天只在市中心开出么一两场,每场也只能接纳百来号老人。去过一次,观众都是大妈,一票难求啊。在这种环境里,即便孙子抱在手中,大妈们也都非常安静。可是,那不是偌大一个城市普适型的大妈文化消费平台,也没有多少剧场肯倒贴着钱干这档子事。

国外的大妈也惦记着跳舞呢。那一次在斯德哥尔摩,赶在诺贝尔颁奖大厅关门前排队参观,木然地排了一刻钟,才发现自己站错了队——前后夹着我的都是中老年人,而真正的蓝厅入口在不起眼的另一扇大门拉开后,拾级而上便是。我错排的这支正对大厅的队伍,原来全是等待周四蓝厅免费老年舞会赠票的。在世人看来高大上的诺贝尔颁奖大厅,每个礼拜竟然有一天晚上敞开胸怀接纳几百名大妈大叔们举行舞会,我当时大大地感动了一番。

在芬兰,夏季的歌剧节是每晚老人们的好去处;巴黎塞纳河游览船上,意大利的退休旅游团旁若无人地开嗓合唱,难听至极却也欢乐至极;在我国台湾,便宜到相当于三十至一百块人民币的演出票,让戏剧、音乐演出场所的大堂里,银发人握手寒暄者,绝不在少数……

想象不出,如果大妈们缺少以受到尊重、平等享用,不必摸摸口袋感到捉襟见肘方式进入的任何一点跟艺术沾边的活动地盘,她们在当下还能在哪里展开她们的操和舞,安放她们的谈笑与寒暄。至少广场是人人可去的,扩音设备是她们自备的,功放、电池或借来的电,也是大妈们自愿凑份子置备的。哪怕一个月一人只出十几块钱,那也表明,大妈们,是真的想跳舞,透透气,聊聊心事,扯扯咸淡,把生活过得更有滋味些。问题是,社会怎么引导和安放她们的热望,把真跳舞与常扰民的问题分而处之。

说开了,其实,每一个要跳舞的大妈背后都有一份此时此地此状况的生活故事。而说不定,每一个白着眼睛看她们的批评者的自我家族里,也都存在或潜在着一个广场舞大妈。

跳舞大妈的生活与当下中国中老年人的生活状态是熨帖的(被热炒的所谓"太太旅行团"和"炒金大妈",倒并没有可信数据表明已代表了全中国大妈普遍的生活状态和消费水平)。现在最令人纠结的一件事,其实是大妈的吵闹范儿。据说某市做了一个实验,近日给某广场的跳舞大妈们人手发了一个耳机。大热天的,就算在有空调的健身房里,戴着耳机快走试试,也是难受。可那里的很多大妈还是笑纳。大妈们也不容易。既然惊动了许多人,既然大妈们对综合治理并不一味抗拒,那么,站在大妈和众人的立场权衡考量,答案总还是可以探索的。大妈们辛苦了一辈子,只要她们愿意接受规则,就让她们笑笑吧。

有空也欣赏一下大妈们的舞姿,揣摩一下这背后的人生况味吧。别瞧不上大妈,她们的能量和心境,有时超乎你的想象。

任性是一种奢侈的东西

父母老了,像秋风吹打着的叶子,随时有零落的可能。

对于儿女送去的美食,父亲每每皱着眉,脑袋摇晃得像拨浪鼓。好吃吗?不好吃。下次再给你做?不要。

母亲则是微笑着接纳,细嚼慢咽之后,享受感洋溢。好吃吗?好吃。下次再给你做?不要。

同样的问答,在儿女和耄耋老人之间,重演了无数遍。

父亲的任性拒绝,是怕我们过于忙碌。母亲先享用再任性,是既怕伤了我们的自信,又怕过分鼓励会误导我们下一次烧煮得更多。委婉的背后,还是怕孩子太辛苦。

任性的父母,却往往孕育出任性的儿女。尤其是,当风打掉了枯藤上的大多数叶子,开始用寒冷的目光顾盼起我家那两片任性的老叶子的时候。今年冬天来了,当他们苍老的经脉渐渐松脆,残损的叶瓣开始摇晃,照顾他们,成了一件必须任性的事儿。

父亲高烧并输着血,医嘱不能下床,他却趁我们不在的片刻,出溜下床,直冲厕所,直到因病友大声惊叫而止步,我们赶到的刹那，输血管已经快被老头儿绷断。批评排山倒海而来。父亲执拗地重复着，我能自己上厕所。绝不改口。

没有选择，只能比他更任性。每当父亲烧迷糊了，庞大的身躯欲挣扎撑起时，我们便尽力按压下去，安抚平稳，随之递上尿壶。他推，我们送，辅以"叫护士长来教育你"的威逼。直到，拉锯战后，他无奈受之，逐渐屈服。直到，后来即便无法自控地搞脏了床单，也不再抗拒给他换衣裤。直到习惯于让我们喂饭、喂水，习惯于在我们的辅助下洗澡。不过，被伺候的父亲总是绷着脸，一张口，还是那句，我自己来。

在任性地抗拒和任性地照顾之间，有一个词是搏斗。

母亲的不便，在风烛残年的那一场车祸之后。双腿残疾了，唯有靠手术后植入满腿的"钢筋铁骨"的支撑，才能勉强迈步，出门则必须拄拐或坐轮椅。父亲病了，母亲一度焦虑痛哭。父亲入院后，她只能留守在家。她的任性，是当所有儿女都奔向医院的时候，就像一张黄叶抱住枝条，一个人坚守着家，拒绝到孩子家居住的请求。

父亲病情危重时几天顾不上她。打开家门，母亲楼下晨练未回，却看到父亲的床被收拾齐整，桌面地板纤尘不染，连每一枚水果都摆放得圆整。打开冰箱门，心想不好，看不到一样荤菜——最近的菜场用母亲拄拐的速度也要走半个小时，她有几天没沾肉了？掀开锅盖，不忍直视，母亲不济的眼力下焖出的蔬菜里，夹杂着一根银发丝儿……这个时候，门被母亲推开，她穿得单薄，精神很好，看到拎过来的食品，放下拐杖，开心地和我一样样地打开。

你小中风过,晚上有事怎么办,给你请个人吧?不习惯有生人,我在家没事,等你爸回来——心意不改,温柔地任性。

我离开前,母亲说,去医院吧,不要顾念这里,一切不都是好好的吗?她扫视家里的一切,自豪地示意。我想到了锅盖下有发丝的菜,按下不响。我说,那你能不能听我们的话,大冬天的,多穿点衣服?再着凉了,可怎么好?这个时候,母亲伸过她的手来给我握。多少年来,这就是她应答我们问暖的倔强方式。也奇怪,她的手就是温热得很,一年四季如此。而这,也就成了她在我们被寒潮冻得嗷嗷叫的日子里,依然我行我素,穿得毫不臃肿的理由吧。被她的手暖了一下,我只能摇头,不吭声。

为了显示自己的硬朗,母亲不用拐杖,拖着步子送我到电梯口。电梯门合上的刹那,我看母亲站久了的残腿拗成了"O"形。她说,打电话就可以了,我好着呢,别来。我任性地想,你好什么呀,爸那里好一点,我们就赶回来"管"你。

在任性地独居和执著地探望之间,有妥协,也有坚持。

上海的冬天,不算太冷。奔走在父亲床前又牵挂着母亲的日子,跟他们的任性周旋又妥协着的日子,多了点温热。

在关乎父母的生命拉力赛中,任性无时不在。心力交瘁时,我对老姐说,有时候我挺羡慕爸妈,他们热热闹闹地任性,也不由我们不认认真真地跟着任性,其实,他们还算有依有靠。姐疲累不已,神色黯然。我明白,我的话,无非一语中穴。窗外寒风起,夕阳有点冷。从55后到75后的我们这几代人,大多只有一个孩子,甚至没有孩子。哪一天我们老了,跟谁去任性?

"到时候,会好的吧。"老姐忽又冒出一句,表情转晴。于是,我们又都坦然一些。

这个时候,病床上的父亲,指着刚刚送进来的病号饭,固执地叫道:"我不要吃饭,就不要吃饭!"

姐立马起身哄他道:"我去给你买面条,面条。"

这一辈子你能走多远

南非开普敦桌山上的眺望

这一辈子你能走多远

有过那么几年，我的生活中充满了旅行。有几次，行李箱回家还没有来得及打开，另一边出发的哨子又响了。机场看天象成了家常便饭，我止不住兴奋地对自己说：你三十岁，你才出发，你要走遍万水千山。

我走到了好望角。我站在第二次到达才准予通行的桌山山顶，吹太平洋和大西洋交错旋来的风。晒非洲最南端的太阳。冲进浪奔浪止得疯魔的海中。坐在开普敦细软洁白的沙滩上吃龙虾，那只龙虾有点不新鲜，可我把它当成风味，欢乐地大嚼。我在好望角的邮局寄出了明信片。并不幸运，多年过去，依然没有收到那张来自南非的明信片。

我在美国西部的小城中迷了路。我自信方位感强，可以步行找回铁轨边的那座小旅馆。然而，我沿着铁轨走反了方向。在深夜进入一片周遭漆黑的田野，只有半星远处的灯火刺激着自己在黑暗中走下去。一度抬起手，什么也不见，只凭直感踩实一格格枕木。寒风起时，又看到旁边田里伫立着一大片坟茔状物，凭一点星光无法辨认是什么,我一度不得不大声唱歌。在美国的田野里,全黑,唱到"爹娘啊……"的高潮段落,才发现竟是《松花江上》。笑得抽风。

我好不容易到达了新西兰南岛的最南端,错过了进入冰川的最后一辆大巴。南极洲就在那些冰川后的南方,当然望不到。可是,告诉自己要走到最远,最远。四个老少结伴,爬了两个多小时山路,老人摔了一大跤,我的新鞋走破,穿越到在水面上站了不知多少世纪的冰川前,看它睁着翠与蓝间杂的眼神,恶狠狠地瞪着自己。我奋力跃起,空中定格。

我在香港的楼宇中厌烦起来,坐上铜锣湾拐角的那个中巴,找到了赤柱。海天相连中,一条条赛艇上是高矮胖瘦的香港居民,拿着桨,肤色黑,整齐地出海玩水。另一面的海湾边是尽情脱晒的健康肌肤。我明白此地不缺风景和胸襟,只是旅行者总在那个"围城"里把购物消费当成走天下的同义词,毫不触及香港的丰富侧面。我告诉自己,要走,走到真正的远处和深处,一杯酒、一缕烟、一段路、一搭话,发现这个世界的秘密,和美。

后来,没能再走远。

我的脚步渐渐慢了下来。那是因为,生活改变了,住定在一份炊烟摇篮的日子里,不能如年轻时轻松应付一次说走就走的旅行。四个各种尺寸的旅行箱,它们要么在橱顶休眠,要么在壁橱里以大套小地罚站,有时候上面落了衣物,捡起来的时候,会看到上面没有撕掉的某年旅行的 Logo,积了细灰,提醒着远方曾有过的一个光亮。

我渐渐习惯了在和朋友们的聚餐中,听他们讲行走的故事。给我看照片的时候,发现了那座城市我曾经经过,就温习一遍有过的趣事。朋友圈里走天下的照片,每一张旅行中的脸春光灿烂,意气风发。啧啧点赞的时候,我从他们的脸上找得到某些时候的自己。

难得有一次出差,来去匆匆。开一个会,见一些陌生人。通过吃顿饭就能成为朋友的可能性微乎其微。离开前总有一些遗憾。某些景点就在不远处,如果与会人不那么来去匆匆,用掉点自己的休假和盘缠,自由行走一遭,兴许会相碰出别样的心情和性情。如果把盏言欢,如果清风明月,听听各人各城的遭际故事,该是又一种"走远"吧。退房前看看落地镜里,背着联想电脑,穿着拘谨的衬衫、皮鞋,挂着黑眼圈,憔悴地钻进雾霾里,好的,我们回家。

柴米油盐酱醋茶辣之间,辰巳午未戊己庚辛翻过。

在这座东南亚最大的城,我未曾走远。而孩子,忽而蹿到离自己只差半个脑袋的个头了。我一直没有料到这个场景会来得这么快。我带着她和他去三亚。他代我拖着箱子,有点笨手笨脚,可一脸真诚。机舱里他总是选择靠窗,地平一斜的刹那,他露出狡黠而满足的笑。那笑里分明有一个当年远行人的影子。

这个时候,我忽然想到了一个孤独的背包客的样子。他90后。他是作者。他从湘鄂之地出发,辞掉了很让父母骄傲的"外白"工作,一年多,一个人浪迹十几个国家。他唇上青春期的绒毛未褪尽,他包里放画册、小说和日记本,他经过上海时留下了一个瘦瘦的微笑,情绪恬淡得一无所有。

想起他的刹那，我，儿子，和这个似乎永远走不近的背影，合在了一起。模糊地看到了某种哀伤，因为成长和别离、远走，作为客体在我身边不可控地上演。也欣然地看到了一些未来，斜阳灿烂，一个发誓此生要走远的身影，就算臃肿老迈了，其实还要出发，带着一份踏实，带着另外一个身影，一起，从日落往日出而去，从家往别地去，从此不再有牵挂。

我明白了我还可以走得很远很远。

耳朵碰来的密祉

从来不擅长写游记。说实在的,每到有风景的一地,就像被蒙着花手绢随意牵走的牛一样,别人拿出来的风景,总有些一律的"天下第一",只能依稀看见花手绢上那几片图案,譬如第一高峰连着第二高峰,天下第一瀑连着天下第一泉之类,盲目地走,看的基本上是一个概念。低头吃草,难得嚼出点草药香,已是自得其乐了。

可是从大理回来,我有一阵子感觉异样。都市里的天,再怎么蓝也透着一股灰色。在酒吧里劲爆的电声点燃着啤酒的香味,怎么就有那么一股子心事重重、风尘浓浓的躁戾。有那么几天,但凡一个人上完洗手间,关水龙头照镜子的那一分钟里,嘴边滑出的总是一排简单到极致的乐音。后来,翻到手机相册,我明白了,我是在心里纠缠上了一个地方。

嘴边溜出的是《小河淌水》。心里念的是一个叫密祉的地方。

其实,就去了一下午,晒了一身臭汗,听了一肚子歌,傍晚太阳还旺着的时候,坐小板凳露天吃了几碗豆腐。在云之南。

密祉在弥渡，弥渡是大理州下一个县。密祉这个地方，似乎没什么了不起的风景。山远着，不高；亚溪河淌着，不宽；田矮矮矬矬，躬身打理作物的大嫂半天也不给外来人一个眼色。它怡然自得着，简素平常。可从进入古镇的那一刻起，我不得不为它竖起耳朵。

密祉的特别之处，在于响动。这些响动，与音乐有关。

见过拦门酒，见过书记县长吆喝"谁不说俺家乡好"。可是密祉不。一下大巴，几百人正耍花灯，老老小小，龙到狮子，蚌壳精到俏艄公，背着西洋娃娃的婆娘到吹着旱烟的阿公，穿梭轮转，全在民歌的节奏里。花灯之乡的欢舞人群手法老道，很快就把我绕进去了。

在背娃大婶的队伍里，圈子中央是一对中年叔婶，手上拿着盆钵和棒槌，唱、舞、打击中，还要眉来眼去地表现出双人造型。这造型是扭、跨、拗、弯，表演得实在是土。可是，我发现这一对老演员，对眼对得出火花。背娃婆姨们边配合着，边用欣羡甚至是崇拜的眼光看着这对主角。"他们打年轻时就在一起唱歌跳舞。"有个婆姨看我入迷，说了一句。音乐已歇，他俩一时收不住，还在扭和唱，打击出的"嘭嘭"声，激得我心脏扑扑地跳。

我听说这里的不少镇民是舞花灯的职业艺人，靠着表演吃一辈子饭。可这一对敲打舞动得忘我，始信密祉人职业了一辈子，还是会往心里折腾花灯。那是把自己身体弄热，精神气弄热，实实在在享受快乐的生命典仪。我的视线一度错乱，眼前身形臃肿的女主角，胡子拉碴的男主角，跳着跳着，双双变成了婀娜与俊朗，仿若他们的几十年前。"跳死灯场不算死,不会玩灯柱一生。"烈日微风,乐舞不休,我痴痴而得意地穿越着,看破了一对男女,从青春走到中老年的秘密。

随大部队过掉那一片片金黄植物覆盖的田野,就是八百米文盛古街。午后静静。一条宽街,好多明清院落,竟是真正老建筑的底子,凭风吹雨打,原样上没做什么装饰,散散淡淡地,在这密祉的乡间活着。

可以想象,这样一座充满古宅的老街,在别处会被拆迁改造成一个什么样的"著名景点"来兜售。可是,推开任何一扇吱呀叫着的门,我都只看到升着炊烟的人家,开着电视的住家,奶奶膝上坐着孙儿,哼着小调在乘凉,见到外客没有提防,咧嘴笑,眼神纯澈大方。我的脚步轻轻,有时稍微跨进一下民宅的门,就提醒着自己加快退出,别打扰了这恬静一片,还有那催眠的歌谣。自在,不需要太多观客。听着隐隐约约的歌声,就好。

就在这古街的一条横巷子里,有一个院落不能不去。还没到门口,就飘过来《小河淌水》。嗓音土而亮,尤其高音处,有种奋不顾身的感觉,像一位密祉姑娘在大江边对着月亮放肆地唱,唱得电视上后期加工过的版本都没得比。听说这一版录的是二十世纪五十年代第一个把《小河淌水》唱到国外的云南姑娘黄虹的声音。

我到了《小河淌水》整理创作者尹宜公的家里。

老人七年前已不在,院落随便进。两个天井,挂满了玉米和辣椒,各处房间被拾掇成了史料展厅,木梯嘎吱嘎吱,午后斜阳从木窗懒洋洋地射到照片上,照片泛了黄,上面当年的高大后生尹宜公更显俊俏。

这一曲《小河淌水》也怪,并不是诞生在密祉这片远离尘嚣之地,而是降生在云南大学围墙后门的一个小土楼上,正负责地下党的宣传歌唱活动的年轻后生尹宜公的身上。1947年那个春夜,他被南风合唱团一位同事一曲无字的"啊——"给镇住了。不知道那个曲调在尹宜公身上发生了怎样的化学反应。反正,他走神了。

他的神思回到了密祉,这一座"不弹弦子不上路,不唱山歌不出门"的故乡。我相信他感性的回忆——那一晚,那似曾相识的曲调,勾出了他的乡愁。乡愁是什么?是在这个充满了歌乐和对歌的村子里,村头那汩汩清流被一弯春月淡定地照见,是整宿整宿对歌到唱破嗓子的那一层酣畅,也是心中秘而不宣的恋人那一双明媚的眸子……反正尹宜公是听见了,也看见了,于是,他在日后捕捉到了这小溪一样奔、羊肠道一样绕的旋律。

我还没有从沉迷中走出,已被拉到了老街的南头。那就该是尹宜公魂牵梦绕的"小河淌水"源头。夕阳照着一弯浅浅流经的溪水,碎银般亮得睁不开眼睛,溪水旁的多处树阴里,溪水上的凤凰桥头,白族衣襟的女子随意开口清唱。从《放羊调》到《月亮出来亮汪汪》,当然有最是令人柔肠百结的《小河淌水》。忽然听到一个高逸的男声响起,我有点恍惚,似乎她们的身边,还有一个唱着歌的青年在游走,他高大俊逸,他头顶上的那片月光朦胧婉转——错乱中醒悟,其实是身边四川日报的前辈扯起的男高音,接住了《小河淌水》的下半段。我满脸羞愧。我扯不上那么高的声音,背不熟其实十分喜欢的歌词。那个时候,我明白了尹宜公为什么在云大一曲成名的不是斗志昂扬的歌——他的耳朵不会撒谎,云大跟密祉相去好远,越是斗志激扬中的沉静刹那,也许,越是离这一刻恬静悠闲着的密祉更近。本来,这里就是可以安心歌唱,安放心灵的所在。

人心是要有故乡的。忽然,好多种女声、男声错杂起来。有尖着嗓子轻轻放出的高音,也有放肆扯开的本嗓,有密祉歌手,当地婆嫂,也有同行的写作者们。这歌声后来就没有停过。一直到晚些时候,在古乡公所用露天晚饭,我们蹲坐在矮桌前,吃各种与当地一绝——与臭豆腐有关的小吃。直到一口热烫香辣的豆腐突袭,我突然有了那一淌水滚落到胃里的舒畅感。

此时歌声未尽,脸上烫烫的。尽管没有尹宜公的春风明月,秋日夕阳逼得我浑身是汗,同伴们疯疯地扯开嗓子吼起这支歌,我的饭碗和酒碗里,依然明月照人。

迷失在罗马

我以为我是个方向感很好的人。何况，十多年间到过二十多个国家，我就不信在任何一个大城市，我还能把自己给弄丢。

话音未落，我就在罗马栽了个跟斗。

2012年春节未尽，因为公务，我第一次走进罗马，却遭遇二十年不遇的大雪。雪厚十公分，一番银装素裹，把各处圆顶、尖顶建筑没头没脑盖了个遍。那个下午有两个小时的自由活动时间，大巴把我们放在西班牙广场。说好傍晚五点，在尖顶教堂下的台阶，也就是当年奥黛丽·赫本吃冰淇淋的那个地方，集合上车。有一顿丰盛的意大利餐，在别处等候着我们。

初到罗马，除了刚完成的工作，哪儿都还没去，我那游走的兴致极高。西班牙广场那些方方正正的商街和那一堆看厌了的品牌，已经匡不住我的好奇心。根据尖顶教堂阳光投影的位置，很快判断出了我在广场的哪一端。我与喜欢慢慢品赏女装的同事们分开，迎着教堂背后的方向，"嗖"地一声窜出去了。

果然，教堂那边的街道毫无方正感，唱片店、手工制衣小店、手套专卖、巧克力工坊、古董店等应有尽有。一头扎进去，乐不可支。

正在为一件新衣结账时，手机响起，女同事问，都五点一刻了，咋还没到？我一看表，它笃悠悠地在四点二十五分瞌睡。立刻出门找路，冬日罗马过早地陷入昏黑，不过，有尖顶，没难事。

左曲右绕地过了五六条巷子，我诧异地发现，那个尖顶竟然不是早先认定的那座教堂。逮谁问谁，才知西班牙广场离这里大概要走二十分钟的样子。不能让一车人莫名为我"站岗"。我拨通手机，淡定地表了个态："别等我！把餐馆地址发给我，我自己去。"

五分钟后，地址短信过来。我吹着口哨，借着路灯余光打开地图。按字母分类搜了个遍儿，竟然没有找到！好心的意大利大娘被拦停下来，她哈哈一笑，你找的地方，在地图外面。

向天翻了个白眼。第一选择是打车，且慢，来之前同事警告，最好不要在罗马街头扬招。有一回她为了走两公里多一点的路，被司机宰了四十欧。不过，大娘乐呵呵地告诉我一个更坏的消息，从这里到那家意大利餐馆得十五公里。那是郊区。

果断放弃赴宴。在这伸手不见五指，地上冰雪连绵的罗马之夜，回到路程近一些的宾馆最明智——因为都靠大巴进出宾馆，只隐约记得是在挨着罗马城区的一个住宅区边上。怎么回？大娘用Iphone帮我定位。"地铁一号线转二号线到底，出来后再问，应该只剩五公里左右。"她的手指在屏幕上扒拉着。

还有地铁体验？这才是大巴赴宴的同事们享受不到的独特风情。心里窃喜。六点多，我钻进不远的地下。罗马地铁就两根线，不管如何换,一欧元到底。哼着小调进了站,地铁车厢好破,塑料座凳上都是不入流的涂鸦。一号线坐完,换乘二号线的通道大修,汹涌的人流从羊肠小道挤牙膏一样慢慢蠕动着通过。意大利乡亲们好像并不避讳挤挤挨挨甚至加塞,我被前胸贴后背地推着往前。

来车了,各色人等争先恐后抢座儿。此情此景让我瞬间穿越回到我那可爱的家乡。只是意大利语播报站名的卷舌音,才把我卷回罗马。被挤到几乎双脚离地……护住钱包手机……抱小孩的妇女竟然没人让座……

终于,双脚落地。终于,发现手里拎着的购物袋不见了。"什么鬼地方!"我心里骂骂咧咧。

地面上,十度,零下。

所有换乘公交,在费尽口舌之下,竟然都与我要去的宾馆毫不沾边。好心人告诉我,只有穿过一座小山坡,才到得了我的下榻地。哦,山坡,零下十度……

拨通几十公里外的另一边郊区,觥筹交错之声,让我感觉手机那端都冒着热气。"快快快,让这儿的华人陪同替你电话订车。"同事饕餮正酣,一边调侃着,一边替我想办法:"这孩子怪可怜的,冰天雪地里冒险……我们赶紧给你订车。你得明白,在这个前不着村后不着店的地方,你怎么可能打到车呢……"

听到刀叉相碰声,咽了口口水。我把交叉路名发过去,依然没事儿般地在结冰的路面上散步,等着那辆冰雪中的"马车"来。

一刻钟,半小时,三刻钟。几乎每过十五分钟就有伙伴们的电话过来,催问车到了没有。气息渐渐微弱,"没有,没有。"罗马,零下十度,如果我倒下了,绝对冰鲜!

一小时后,华人地接在手机里遗憾地通知我:雪情特殊,向多家公司订车,都表示只能试试看,不能保证订到。看样子你运气不大好,它们都没来……而罗马司机驾驶的公用大巴,也不能往返六七十公里来为你一个人完成这五公里……

无暇心碎。脚步快要冻住,手指也不听使唤。我跺了一脚——这是要我变成卖火柴的大叔的节奏啊。不能认栽!用了余下不多的热气,对电话那头说,好吧,失足儿童自己找回家!

开始胸闷,干咳。恍惚之中,忽然闪现托尔斯泰他老人家迎着风雪出走车站的画面。回过神来,我不是托尔斯泰,可我一样会得肺炎。残存的智商,让我忽然意识到这几十分钟里来来去去的那些出租车,为什么就没有一部亮着空车灯?绝望中,试着换了一个路口,对于那些可疑的出租车拼命挥手。

挥了足有十分钟。天哪,竟有一部在我面前停下了——这才发现,罗马出租车顶灯基本不亮,车窗里的空车灯也是光线黯淡,招车基本靠猜。

救星!就在我艰难迈动冻僵的双腿时,意外一幕出现——一对意大利男女从马路对面飞奔而来,抢先拉开车门,一屁股窜进后座,赖下不动了。"罗马!!罗马!!"心里刚嘀咕,却见前座车门自动打开,如罗马新现实主义电影男主人公那样有张刀砍斧劈的脸的工人阶级老司机,招手示意我上车……

感动不已。可旋即醒悟:这是要拼车的意思啊,不知道会拼出什么花样。可是,它至少能让我暖和过来,还计较什么安全底线？我毫不含糊，一屁股坐进去。

后座男女显然还在为拼车埋怨司机。听不懂老司机说什么，但语调斩钉截铁。问我要了宾馆名片，二话没说发动车子。车子上了小山坡的时候，我意识到，他选择的是先送我。身子渐渐暖和起来。瞅着他不太有表情的脸，心里既有了一丝安定，也有种说不出的惶感。

一刻钟后，出租车刹停在宾馆门口。按照车表显示收的6.5欧元，并没有多要一块。显然，上车前我曾对司机诚信度有过的怀疑，证明是我心态"复杂"了点儿。

惊魂甫定，吹了声口哨，直奔零上二十五度的宾馆餐厅。我知道这里有地道的罗马厨师，毫不犹豫地下单一客牛排，一杯红酒。

狠狠地切下第一刀，窗外的罗马，空洞而寒冷。这个罗马，没有奥黛丽·赫本坐在台阶上松弛地啃着冰淇淋，没有宽容谦和地微笑的派克，要不是新现实主义面孔司机，和那位热心大娘传递的一点小热量，差点就让我直接进了冷库。

半块牛排下肚，罗马厨师长忽然跑到面前，嘻哈握手，非要套我对厨艺说两句好听的。红酒下肚，有点浑身松软，胡乱应答着，冻僵的笑容开始融化。这个时候，让我迷路的罗马，忽然又让我恨不起来了。也许是因为从零下十度到一口流汁的热气牛排之间的距离，还不算太远。

有一种美找得回来

到这里第一晚,来不及逛街,品一品以辣见长的小吃,也没来得及吸上据说是全国排得上前五名的纯净空气,甚至都没打开水龙头洗把脸——衢州靠近钱江源,水是出了名的清。

可是,我见到了你,姑娘,眉清目秀,普通话杠杠的。天黑了,大老远从城乡接合部的衢江第四小学赶来,跟我们讲起一个后来被认为是"社会新闻"的故事。故事从2011年一个普普通通的早上开始,源于班级里少了一个学生,是外来打工者子弟。我揣测,这大概不外乎挽救失学儿童,并不意外的情节。抿下一口绿茶,有一搭没一搭地听。

果然是围绕着"找学生"一条线展开。陈霞老师班里少来一个学生,另一个班上也少了一个。一核对,两个缺席学生是一对姐弟。有没有请假?没有。打过学生家长手机吗?母亲关机,父亲常年在江西打工。哦,在务工者家庭,就业、居住状况多不稳定,寄居偏僻出租屋,今天落脚,明天拔腿就走,不跟学校招呼,也不奇怪。一般情形,当天这事就按下再说了。

老师不死心。两个女的,喊上体育老师护驾,一齐找上门去。敲门,无人应——估计又是忽然回老家,或者是"不告而别"的戏码。老师下楼买来双面胶,撕一张纸粘在门上,留言:"今天怎么没来?"

按常理,故事当天应该告一段落。但是,衢江四小的老师肚肠多转了一道。母亲手机关机这事儿,让他们觉得蹊跷,还就要探知学生的去向。这一份不死心,让他们问到学生母亲打工所在的大润发超市。店长说,孩子们的母亲姚慧芬没来上班。

悬念感越来越强。讲述者眼神明澈,我开始聚精会神。

老师们边打电话找线索,边漫无目的地走着。忽然有人提起,孩子母亲手机关机,是否因为欠费被停机?无论如何,她是最应该知道孩子下落的人。试着给手机充值,打打看。

手机通了。传来一个似乎非常遥远的女声,充满无力感。"是谁……""我们是老师。孩子在哪里,你在哪里?"那边答不上来,断断续续,嗫嚅着,好像是在家里,不知道怎么了……

一些日子以后,煤气中毒却又被抢回来的孩子,回到了学校。姐姐弟弟流着眼泪,向老师们鞠躬。陈霞、姜文、江忠红摸着学生的头,说不出是难过还是欣慰。

有些女编辑开始擦拭眼角。我有好些疑问——这个故事里有很多过程,只要一个信息不详,或者"找下去"的念头消散,生命回转的链条随时就会断裂。

"这个学校有七成学生来自外来务工者家庭,你们都能管上?"

"我们学校不在市区,没有大楼和名师,不少家长的经济状况不好。可是我们想,这所学校就算什么都没有,也不能把一个孩子落下。家长不能当老师,老师就得当家长。所以,我们给每个学生列了一份'知晓档案',把每个家庭居住地址、父母电话、每个月大概多少收入,甚至'父母吵架吗'这样的信息,都悄悄登记一下。还要知道孩子之前在哪些地方念过书,他们最好的朋友是哪些,连上学用什么交通方式,沿途要经过哪几个点,都不能放过……就是为了万一碰上事,好找。"

我隐约感觉,她的话语后面,一定省略了很多找回孩子的经历。就像那个故事里,他们找回过孩子的命。别的故事里,他们也一定找回过孩子的书包,孩子的心。想到这里,心里柔软的地方,被轻轻地碰了一下。

"你觉得看得住孩子,就够了吗?"

"我说一件事吧。很多打工者没有交通卡,每天只能给孩子几块钱做路费,不少孩子会偷偷买点吃的,然后就没有钱坐车。公交站上经常有左右为难的小脸在张望,有人找同学借路费,有人就干脆走回家,走着走着就丢了,老师们找过好几回。学校里一合计,就有了一个'两块钱制度',鼓励学生大胆地跟老师借两块钱,规定老师必须借,还不许追问用处。只要求学生还上这两块钱。"

"为什么老师不能问用处?"

"孩子都有个馋嘴的童年,毕竟他们是那么的不同。"

这是个金句,我暗忖。

"学校里还有一个'诚信互助箱',在墙上挂着,里面有硬币,学生手头紧的时候自己去拿,拿了自己记,要还。开始丢过十几块,现在,反而多出来,因为很多人会多还一两块,积少成多。这些办法多了,也就是在慢慢地教孩子学习诚实,讲信用,懂得节制,也懂得开始帮助别人……"

这一个春风带雨的晚上,我索性就未出宾馆半步,对谈者中,还有从打工妹变成自办家庭纠纷调解"兰花热线"主持人的叶兰花,身患白血病却把社会捐款献给病友的年轻姑娘黄炊……一张张草根脸,打开的都是有善、有爱、有担当的心迹和经历。她们说的都是平日里所做的事情,她们的态度都朴实而诚厚,她们的笑容里带着害羞,似乎暖了一暖自己身边的一群人,被作为"最美衢州人"推到我们面前,却还怕响动太大,有点不好意思。

夜深了,这些"最美衢州人"离开我们这一群写作者。像湿润的风,消失在门外的街道,自在于来往的人流。

这个时候,思绪被预告第二日城区观访行程的男高音拦截。我忽而觉得,行老街,尝小吃,登烂柯山,大概这些,也很难超过今晚"看人"的收获了。

衢江四小老师打住话头前说了我忘不掉的一句话——老师美了,孩子就美了,孩子美了,这个社会就一定是美的。

名字里有兰花、额头上有沧桑的其他人,也在把似乎久违了的美,从细琐而又雾霭重重的人生中寻找出来,从自己并不平顺富足的生活中抖落出来,亮起在芸芸众生面前。

我知道这一群衢州人的背影正在往东南方向散去,会最终消失在城市中心那一座孔子立像的后面。孔子像的对面则是孔氏南宗家庙。站在九米高处的孔子,大概看得到人流中星星点点的善与仁,明灭闪烁,生生不息。衢州,因此更加生动起来。

青山绿水,夜市街灯的终极意义,在于人。人心里透出来的美,才是一座城市最宝贵的风景。看到这些斑驳的人影后,始信,在看得见和看不见的种种雾霭障翳人心的当下,有一种美丽,依然是可以被寻找回来的。

笑一笑,台北

飞离台北之前的最后一站,是101大楼。忽然中雨,慌不择路地冲进 B1 层,竟然就站在了一直想找的鼎泰丰门口了。既然得来全不费工夫,就取号,等待。一切在殷勤服侍中享用——小笼包,鸡汤,蒸饺,拌面,炒饭,连加茶水后,服务小姐也要来送出一声"谢谢"。台北,是不缺"谢谢"的城市。

仔细回想,遭遇最多的是来自服务业里的感谢。不管你进餐馆或是夜市,不管你是出手千元还是只买三十块台币一根的香肠,殷勤的招呼、欠身与感谢声,不绝于耳目,让人感叹市场的力量,可以推促礼数的普及。而台湾在这方面,显然做得比皮毛的敷衍更为周全,用力也更深度一些。这也是我不由得会喜欢上这里的原因之一,它让人消费得安心而自在,那声吟唱轻歌剧般的"谢谢",如银铃般好听。

也有例外。在鼎泰丰饕餮之前,我专程到服务大陆同胞的食品店买凤梨酥。工作人员几乎与国营垄断时代的杂货铺服务员一样,一律的铁板与冷漠。尽管几乎每个家庭购买凤梨酥、牛轧糖动辄以千元人民币计，服务方的态度似乎就是"你不买也就没有了"，只有流程性地刷卡、打包，面对一批批来了又走的客人，挤不出一丝笑容，更不要说发自肺腑。我在装箱完成、等待大巴来临前心想：也许，是日复一日地处理大批客流和大件礼品的流进流出，烦了吧？可是没有流进流出，现在已经不怎么耐烦的服务者，是不是也笑不大出来？

这在我有限时日里接触到的台北服务业中是颇为个例的。然而，窗口毕竟是窗口，再个例，也会在一次风平浪静的旅程尾声扔进两块小石子，荡起些涟漪。

普通台北人呢？第一感觉是更为温柔敦厚一些。讲话带着拖腔，男子也是。有两位女客跟我说她们不习惯男人的发音这样没有力度。我倒不然，兴许我们听惯了刻板、无表情，要么是耳提面命或者咆哮？至少台湾男人不咋呼，而在我理解中，温柔总胜过咋呼和贫嘴。台北地方不大，人口不少，天气又这么热，人与人之间少点"重口味"的音量，也是符合这座城市云淡风轻的特质吧。

很感喟台北人的热心。那晚带三个男孩子奔最大诚品书店，出了捷运站就没了方向。先是一个孩子他妈打断路边一对摩托车情侣的聊天，骑车男指方向，站在旁边的女友还不放心，大声跟走远的我们重复，同时用强烈的身体语言示意该往哪边。走到拐角，再度迷失，我拦下一个二十岁出头的下班男，他有点拿不定方位，可是用了好几分钟打开他手机里的地图，细细查看和指点。尽管，他最终还是不小心指错了。对外来客有这样的耐心，是一座城市的修养与品性所在。反过来想，站在我自己所在城市的街头，我有耐心为外地客花掉属于自己的几分钟时间和手机流量来指路吗？这也是我喜欢台北的原因。

可凡事总有例外。

也就是在那一晚坐捷运，找到站台，列车呼啸而至，我们一行里的三个十一岁男孩兴奋地冲在前面，并按他们的理解，如乘坐上海地铁一样等候在车门的一边，空出当中给客人下。然而，这时已在车门另一边一对推着婴儿车的当地夫妇，透过他们戴得严实的口罩，用不满的口吻斥责孩子们的不当行为。因为隔着一层纱布，勉强听出了"会不会看路线啊，应该排在我们后面"的意思，仔细一看，才发现地上的等车排队标识，竟然只画在他们那一边，呈蛇形往右后边延伸，我们站着的车门这一边竟然没有。其时车门已开，没有乘客下车，车厢很空，孩子们已与这对夫妇并行上了车，并且凑巧又分坐在四人座两边。而就在我们几个大人跟孩子交待要看仔细地上排队线之时，那对夫妻隔着口罩继续指责，进而做出了一个非常不敬的举动——猛然站起，离开规矩坐着的两个男孩，另择对面车门旁座位。

妻子忽然有点动气，"怎么能对人这样？是要以不同座来表达轻侮？"我轻拍她肩膀，止息情绪，尽管心中负面浪潮来袭。我平静地跟孩子们说，每一座城市地铁上车线的画法可能不同。孩子们有点委屈地辩解说，列车已经到达了，所以才没有时间看清地上标志，如果换在上海的话，他们在车门两边贴边站队等候，才完全符合规则。"嗯，到不同的地方，尽量看仔细它们规则。其实，刚才这也算是插队。"孩子们理解地点点头。

还好，孩子们没有觉察出太多异样，或者，他们对那对突兀离去的夫妇的身体语言没有那么敏感，他们更不会去细究隔膜与不友好背后更加复杂的原因。他们依然笑着，对感到新奇的一切指点着，交谈着……

后几天经历其他捷运站时，我特加留意。竟然发现，不同站的下车标识的确有不同，比如在忠孝敦化，上下车划线方式与上海地铁完全一样，两边对称等候。显然，在台北标识也并不一律，又如何苛求外地客"一律"？

不知为什么，回程起飞那一刹那，脑海中又跃过了那对夫妇戴着口罩的画面。我知道，口罩后面的他们，一定没有笑容。我跟妻子说，其实我们在上海，每天挤地铁，对那些显然是第一次来尝鲜的外地客的无心之误，有没有同样的不包容与不友好？她没有回答我。

我在心里已经有了答案。

台北是我喜欢的，它耐看，好吃。它礼貌，温和。如果它能再多一点笑容，就像台北的天气，一阵雨过去，能平静、平和而平等地对所有人放出一个灿烂的晴日，或许会更有魅力吧。

笑一笑，台北。

同时，也一样希望我出生和长住的上海，不论有着什么样的际遇和心情，都不吝打开你的微笑。

细节里，一座城

在细雨中走入江南一座不大的城市，这样的情形发生过多次，这一次兼着夜色，故而没有什么惊喜。很难忘记，有那样几次，看过了 A 面的某些城市，就在几个不起眼的 B 面、C 面上令我跌了眼镜。比如，火车站进站队伍中有人加塞，管理人员一脸漠然仿若写着"看不见"；比如，在主商业街背面污水横流、磨刀霍霍俯拾即是；比如，展博馆里人流涌动，最需要导引的肢残人士被漠视，挤到贴边……

行到这座城市的第二天，我的眼光便开始落向人的颜色、城的细部和犄角旮旯。

龙池山自行车公园，在万亩茶园之间盘错出十二公里长的车道，供人练车、跑步、快走。偏偏飘雨、刮风，越来越大，冷到不行。躲进电瓶车，忽觉一阵暖。原来，它是"穿"雨披的——每排座位外面都挡了透明软塑帘，驾驶员提醒我拉上拉链，把风完全"拴"在外面。加上这道"软装备"，大概是因为管理人员坐车在先，并且不苟且于当时或雨或风或寒或湿的感受。下车后知道，这个本来可以圈起来热卖的"江苏第一个自行车主题公园",是免费对游人开放的。听得此语,刚才车道所经三潭映碧、花谷探奇等"慢游十八景",即便被雨冲刷得朦胧一片,此刻还是让眼前明朗起来。

所谓"世界只有一把紫砂壶",是因为世界只有一坨醒了七千年的紫砂泥。我所到的这座城,收藏了这坨泥和这把壶,然后在它的四方捏合出了几百陶艺名师和无数把灵壶。然而,到我第一次造访时,却是要到这座城的田园深处,才能觅得大师名匠的些许踪影。据说,他们都不太好找,可又能找到——就在离烧窑最近的地方。

这一次我遇见的,是有着"出神入化手,七窍玲珑心"的顾景舟弟子徐秀棠。年近八旬的老人,像一块揉捏出韧劲的紫砂泥,很迅捷地从木椅中硬朗成一棵笔直的树。随和的开口,却是先拒绝"大师"之称。他说自己一生,最看重的活法是墙上那幅字:"做数件可流传趣事消磨岁月,会几个有见识高人论说古今。"由着字,他随口说到一件"趣事":有人托朋友拿过来一幅徐秀棠书法,请他鉴别真假。他吃惊,因为从不出售字画。就赶紧走到自家门口往墙上望,明明白白,那幅书法还在啊!显然是有人花高价买了赝品。他并未跟来人点破,爽快地写了一幅新书给他,说是想跟那幅需要鉴定的字换换……

大概这就是被火滚过的泥的一种品格,在紫砂壶里定格成了圆融方正、见微知著。

离开前,同行的朋友忽然握住徐秀棠的手摸了又摸,好奇道:

"为什么没有茧子?"老人淡淡一句:"紫砂人要有工匠精神,但做壶是艺术,不是粗活,手要和心一样细腻。"这一句,点通我的内里,如一壶春茗灌顶。

第二日,丁蜀镇蜀山,苏东坡曾经筑室居住的地方,古南街谦虚中透着自得,石板路宽仅三四米,长约一公里,街边老屋都是砖木二层小楼,并未家家开店,户户紫砂,却在几乎每一处稍有生涩处,冒出或紫或红的春花。细看,有些竟然是用缺了角的瓦罐涵养着,光这一点不放弃的心意,就难怪我一步两回头,索性掉了队。听不到一声叫卖,一位抽水烟老伯见我停步,招呼一声:到院里吃茶吧。

后来我在江苏最大竹海的所在地湖㳇镇,听说镇上西村果断关停所有矿山宕口和琉璃瓦厂,他们鼓励农户利用闲置空房加盟"篱笆驿站"连锁经营,于是产生了"静心小屋""原色之家""想乐山庄"等名字。我忽然从中相中了这个地方的一个代表词——原色。原色,是一种回归。我在竹笋、茶叶、板栗、吊瓜和杨梅里看到了它,在美栖村房屋山墙上充满创意的风俗画里找到了它,在两层八仙桌上三四个壮男叠加不倒的"青狮叠罗汉"非遗表演里发现了它……它淡淡的,静静的,稳稳的,细细的,却总是让心头蒙上一层惬意和自然。

第三晚,回到酒店,桌上依然是一张"手信"——看到您有电脑,给它下面放了斜面架,您用起来视角更好;晚八点给您烧了一壶水,可以直接喝……出门百八十趟,这是我在任何高星级酒店都从未领略过的暖。这不过是一家设施不新的老牌"四星"。我不知道,那并不漂亮的字迹背后是怎样平常或美丽的一张脸,但我知道,她有针脚绵密的待人接物,不当你面前张扬地做,大概已成习惯。

离开这座城市前是一个中午,来送行的朋友刚要帮我行李装车,发现车被洗过了。是的,没有搞错,这酒店不声不响地给客人洗车。

"土本无情,因匠人执着之情,手到,心到,火焰煅烧,有了灵性和生命。"我想起徐秀棠老人这句话,感觉这块地方,透着手到、心到的质地,耐得起咀嚼。

这座城叫宜兴。一块不黑不白,淬过了火的紫砂土。那是它的原色。

有一片土地,坚硬又柔软

所谓"红土晴岚",就是在蔚蓝的天空下,舒展开赭红的泥身,让艳阳跟红土再次调色,于是这红泥变幻出层次,宛如巨大的油画色盘,竟包容下红色、黄色、白色、绿色、紫色、青色和靛蓝,一直铺陈到云间、雾里、天边……

然而,我到云南东川时,天公无精打采,难得挤出的微光,使得红土不过是在湿软的农作物下"深咖"一下,只能在手机中被"美颜",到屏幕上"翻转"成极富色彩感的红土地。尽管我在朋友圈里声明自己"调色"了,这一帧失真风景还是赢得了七十多个赞。

这天上午,我在打玛坎的红土地上踩了一遍。其实裸土不多,都是植被,燕麦、荞子、洋芋、油菜、萝卜……大多过了花期,在乌云的荫蔽下黯淡地绿着。在暗绿的遮盖下,泥土还能在一阵阵山风过后顽强地露出底红色,已是很不容易。当地人告诉我,东川土的"赤红",是一定要在高调的太阳下显色的,太阳好的时候,它的景色堪比巴西里约热内卢的壮美。

我踩了一脚,软软的,尽管雨天刚过却并不稀烂;捏了一手,在有限光线的折射下,暗红中竟然有些颗粒闪着异样的光,据说是来自土壤里富含的铁和镁。

我没有看到满山烧起来的红,但我察觉到了这柔软中带着刚硬的大地,异样的个性。

每一餐都有大量的洋芋。上海人叫它洋山芋,北京人叫它土豆。蒸煮是基本的方法,表皮裂开着,肉色金黄,外沙里糯,表面形成一层淀粉结晶,形似清晨沾着露水的花瓣,当地人叫"开花洋芋"。最简单的吃法是蘸着东川辣酱吃。我来自江南,那滚烫的一坨淀粉混杂着酱香,滑溜到了食道,才返上来强烈的香味,它软糯地敷贴在胃壁,顿觉暖暖的,实在又可靠。于是,禁不住多吃几筷子。加上还有其他做法——贴壁的烤大洋芋,切丁的"老奶洋芋",炸好后与生姜大蒜干辣椒丝以及食盐、香醋一起翻炒的鸟巢状的"干煸洋芋"……常常一顿下来,其他菜一个都记不得,就装了一肚子的洋芋。

"1983年那会儿从禄劝引进的,在东川红土上好存活着呢。"80后的东川小伙小刘看着我有点吃撑,喜不自禁。

他说,东川土地上原来多出水稻、玉米、花生、甘蔗、红薯、籽西瓜,但是引过来的洋芋蓬蓬勃勃,尤其是"开花洋芋",维生素B1、B2、B6和泛酸、纤维素含量多,火了三十多年。"这土地神着呢,碰到了合适的,它接纳你,悠悠地长吧。"

那一晚月明星稀,吃胀了肚子的我到外头透气。

这里离昆明一百六十多公里,轿子山、乐英山一带的轮廓很黑。此刻,是个睡着的汉子。

我知道,春秋中期,当彝族先祖们挡不住古蜀地连月倾盆大雨和洪水时,整体迁行到了这海拔四千多米的最高山洛尼白山时,就是在这里,完成了历史上一桩重大事件——六祖分支。其他分支以东川为中心,或向云南宣威进发,或向川、黔发展,但其中的一脉留了下来。他们后来发现,东川留给他们的不但有美土,还有洛尼白等群山里,那似乎采之不尽的铜矿……

自此,东川以她的宽广与富藏,向背井离乡讨生活的人们无私地敞开了胸怀。一如这些年来,洋芋在东川的扎根和东川化。

我明白有一些生命际遇不免冰冷似铁,但当遭遇了温煦的新生存环境,那种脆弱在年年岁岁中依然能够一点一点被淬炼成刚强。大概,会变色的东川红土地,落地即是家的洋芋,和彝、汉、回、布衣等族迁于此地、长于此地,命运系于此地的民众们,便是因为他们命运中强与弱、坚与柔的偶然而又自然的杂糅和融合,才会令这里的山风、暮雨、野草、急流,散发着特别的气息。

其实,东川更是一块有点儿悲情的土地。

到这里第三天,上了东川铜矿所在地。从清朝乾隆年铜矿生产进入鼎盛时期,到民国成立矿务公司,再经历近五十年为全国建设所需竭尽全力的开掘,东川曾哺养了全国工业"金饭碗"的数以百万吨的铜矿,吐哺一空。上天的馈赠被享用殆尽后,留下一种痛。2001年的那个冬天,对东川人来说是记忆犹新的寒冷。随着东川矿务局宣告破产,终结转型,这个曾经云南单列的特殊地级市,人口始终蜷缩不前,"四矿""三农"及生态环境恶化等状况凸显,城镇失业率一度高达百分之四十。

眼下,废弃的矿井口,漫上的大水淹没了车轨。地面路轨上停泊的运铜车和载送矿工车沉默着。经过了刷漆,它们变成了宛如来自卡通世界的橙子色、嫩绿色,在青山翠谷的背景前,成了旅人大呼"好美"的合影道具。许是还不习惯这种"换位",透过铜锈色的历史,我眼底"看"见一脸黑铜色的矿工那乌亮而聚满忧愁的眼珠子,它们和这山腰上的现代游乐景致是错位的。我知道东川人为了省外更大的土地和人们掏心掏肺,最后换来的是掏空了的群山,唯一可以抚慰哀伤的,就剩了这植被依然茂盛的山景,这脚下流过蜜的红土,和奔袭在山间打了许多道弯的金沙江……还有很多游人来了,东川人,依旧微笑着迎送。

我没有选择与废矿合影。这片"弃场"需要人脱帽致敬,每一块石头里都有一段人生故事,或激烈,或悲哀,或凝重。

是晚,我到东川城区里散步。

因为人口仅三十一万,东川已并入昆明,成了它最远郊的一个市辖区。这里的一切打着"全国第二批资源枯竭型城市"的烙印——街市面貌混搭着二十世纪八十、九十年代和新世纪的风格,入夜,除了一两条算不上繁华璀璨的主商街之外,更多明灭幽秘的灯火散落小巷间。与朋友好不容易找到一个可以坐下来喝杯啤酒的地方,下酒菜竟又遭遇油炸东川薯条,只用盐和豆油,脆爽到秒杀一切我所尝试过的进口洋薯条。四瓶啤酒加两道小食一杯茶,仅收四十八元。茶吧主仆四人为这笔仅有的夜宵生意,坐过了打烊时点,带着微笑,绝不上来催客。

打量着东川人。他们穿着并不入时,却很平和、良善,在不算丰裕的物质条件面前并不慌忙,眼里流转着对将来生活依然抱有期待的神采。就像小刘告诉我的,"东山再起"这句话,在曾因饭碗不得不离开矿区而痛过的人们这里,如今一致地理解为"矿山退去,红土奔前";也联想得到,那几天我到过的生态之多元令人感叹的山林、梯田、生态果园,在泥石流灾害土地上修治而成的东川小江河谷汽车越野赛和摩托车赛场,平缓山地那开阔的高山滑翔伞风景;还有,极为丰富的特色农作物的大面积铺开,其中,当然有糯香令人难忘的大洋芋……

一切看来还在起步中。这一次,东川人大概不再习惯于那一种纯粹粗狂自在、靠天而居的生活作业模式了。这一次,他们选择了在资源归于贫瘠的土地上,贴着大地和生态的脉络,有所自为,有更长远设计地,行走入一片新的开阔地。

离开东川的那天,依然闻到满街飘散的洋芋香。

我看到坚硬的铜幻化为柔与韧兼而有之的洋芋。有紧实而又温软的红土在,东川人在上面种什么,都是好的。

定海，骑在自行车上的三毛

从未想到过有一天，我离三毛这么近。

她骑过的自行车，一辆二十八吋的"老坦克"，在陈家村三毛祖居大院的花架旁"稍息"着，距我咫尺。我想，但是不敢触碰。"老坦克"纤尘不染，站姿随意，仿佛骑行它的主人撂下它去屋里取东西，就要回来。我怕手一伸，那个瞬间要回来的主人，会改变她的主意。

三毛骑上这辆车，是在二十八年前，一个四月天。故乡定海小沙的风带着些许咸腥，春天里还有些微凉，她蓝牛仔衣配橙色褶裙，蹬车的高帮皮鞋上端露出白色袜子，轻松的神态，像是刚飞驰出校园的女生。她背上的行囊，没有塞得鼓鼓囊囊，那是因为她是归来，并且没有要马上走的意思。

小沙这时候多的是农家土地，自行车停驻的地方，油菜花烂漫地开着，远山青黛，小河灰蓝，电线杆子划过半空，都与三毛的笑一起收拢在她骑车的画面里。

定海是她祖上的故乡，三毛回来祭祖。祖宅还剩五间正房，是石板大院,黑瓦红椽,并不高耸的五间平房。这个时候回来的三毛,看不到大多数故去的亲人,丁零当啷地骑车到门口,推车进来,所遇是木石和亲人留下的痕迹。三毛笑了。

前两天,三毛还一直在哭。

那时候定海还只有舟船通行,下船脚即将触地的刹那,三毛已经泣不成声。叔伯家的亲戚是头一次见到的陌生面孔,却如久违,三毛抱头扑到她们身上。祖坟前上香,她声声唤亲,涕泗横流,顾不得擦拭……

定海文化界的朋友告诉我的这些,果然在小沙三毛祖居的录像室里看到了。看录像的四十分钟,被她哭到心里跟着一抽一抽。

她居然有那么多的泪。哭是她的行礼。在她走遍万水千山后,悲欣交集地靠近父亲魂牵梦绕了四十年的陆岸,那朴素简单到极点的村舍、田屋,那说不出多少华丽辞藻的亲戚们,触及她心底最柔软和哀伤的地方。那些与父亲和自己相似的眉眼里,杂糅了此时无声胜有声的复杂情愫,望一眼便能确定,那是回家的孩子才能有的放声放肆哭泣,倾泻出来的最好的场合。

"我最不该碰触的,最柔弱的那一茎叶脉——我的故乡,我的根。"三毛在《悲欢交织录》里,这样记叙她的回乡感怀。

收声以后,天气放晴。从照片和存物中看得出,后几天的三毛,享受的是故乡带来的自在与松弛。她骑着自行车在田野中漫走,舟山人徐静波留住了这样开心畅怀的一瞬——自丈夫荷西去世后在许多照片中留下过疼痛、阴郁、悲苦的三毛,这一刻,脸上绽开的只有甜美。

让她心头舒畅的,还有拜访"老友",一位叫倪竹青的异姓叔叔。

三毛祖父陈宗绪晚年在定海城区买过房子,就在芙蓉洲路芙蓉弄里。倪家当时因家境困顿负担不起房租,陈宗绪见倪竹青有文化,又实在,就让他住在陈家,替自己抄写文案,陈家厚义,把他当亲人一样。抗战胜利后,倪竹青还因到三毛父亲与伯父合开的律师事务所抄写文书,与三毛一家同吃住——也就是在南京,倪竹青见到过大约三四岁样子的三毛。1948年后,陈倪两家音讯隔绝,直到恢复通邮,三毛从同乡人处得知倪竹青家庭地址,才在1988年5月20日,代父执笔,写去第一封长信,满满几大张纸……

四十载长别离,一旦重聚,知书擅画的古稀竹青叔,给三毛带来的是巨大的惊喜。两人交流最多的载体竟然是书法。几乎不用多语,三毛从叔叔极有神采的楷书里,读到了经风沐雨而依然顽强发芽的隔代深情,兼之绵续不绝的诗书文化。

她又在此次探亲及与舟山定海文化界的交谊中,结下了王亚、叶宗轼、徐静波等新友。有的就此展开通信,有的她则毫不见外地索字求印……三毛跟定海的缘,不唯血脉,更有精神之依赖,文化之认定。这也是她与定海间最具现实性、文化性的血缘。

"现在对青叔存有两种感情,一是家族关系……另一是书画知己……两种感情交织在一起,相思之味十分复杂……"她在信里说。她还在给王亚先生赠她的"月是故乡明"的书法上落款"小沙女三毛"。怀着和坐在自行车上行遍小沙土地一样的心绪,三毛用她的字与信,为小沙打下"我的"印鉴。

这次故乡行后的第二年，三毛便自行决定了远行。

她离世二十七年后，我第一次到定海。走在环城东路上，下榻的宾馆就在这条路上，旁边没有多少店家，想跑到对面去看看有没有三五步一店的繁华，却被夹杂大片杨柳的宽阔车道隔开，一时作罢。透过树缝隐约眺望，对面似乎也是绿树掩映的公园或绿地式宾馆。

于是，到定海几个晚上，便都把离此地一公里的热闹的芙蓉洲路，作为了饭后散步的起点和终点。

在芙蓉洲路数百米长的步行街上，夜市的霓虹和消夜的烟火味，终于让我开始往侧弄去寻找安静。可忽然黑暗下来的窄弄，又马上挤没了风清月明。这时想起是否能触及芙蓉洲路芙蓉弄有过的三毛祖产痕迹，然而缺乏灯火条件，只得打消念头。看来，除了小沙，三毛的痕迹，在闹市里还是隐没难见的。

然而，在我启程离开定海前，当地人不经意冒出一句：你住的宾馆对面，就是三毛骑车那张照片的拍摄地。

原来，三毛和二十八吋自行车，橙黄的裙子，往右妩媚着面孔的笑容，就定格在现在的环城东路、二十八年前的田埂上，与我住的宾馆隔路相望！

此一刻，路对面杨柳依依，浓阴深处，竟然也传出两声自行车铃声，一个绿衣服、学生模样的女孩，放慢速度，转到慢车道上，紧蹬两下，燕子一样地消失了。

我很难揣测，一生走过那么多路的三毛，在离世前那一年，回到她所认定的她和父辈的故乡，一周后又离去时的心情。眼前闪现的只有她的哭,她的笑,她临走前在祖先坟头装一小袋土,把在祖父五十年前挖的井里亲手吊上的水掺上,喝下,告诉自己"从此不会生病了,走到哪里都不再水土不服"的那个画面。

我曾经在地图上点数三毛到过的国度和地区。除了澳洲、新西兰和亚洲一些地方呈现空白,竟然足足有六十七处。曾经一直困惑不已,一个用脚丈量人生,也经历过无数人生的"故乡"的写作者,她心中的万千丘壑和河道、沙漠,曾经足以让她的人生丰沛阔大到无边无际,到底是因为什么样的意念或断念,什么样的困顿或障碍,让她用突然和决然的方式,绝尘而去?她是如离开小沙前上船一样,在对故乡的执念中凭栏呼唤"死也瞑目"那般,想着执念的天国而去,还是骑着自行车,松松快快就往风景如画处穿梭而去,不管前面有没有橄榄树,有没有荷西,有没有小沙、定海、台北、西班牙或撒哈拉?

十八年前,一套三毛文集被我作为生日礼物送给了女友。后来,它同她一起嫁过来十七年,躺在书架上不知哪个角落。而今,它就像小沙祖屋里的那架二十八吋自行车,忽然来到了我的面前,竟然还是簇新簇新的。她骑行了一个时代,还随意地停靠在祖居的院落里,似乎在等待着原来的或是新来的主人上车。

这一次我来定海展开行旅前,第一届三毛散文奖隔夜颁出。三毛终于以一种无形的方式,融化在定海和小沙的空气里。

而我仿佛又听到了那一声清脆的自行车铃声。

我错过了那么多

从巴塘到理塘，目力所及之处，高原托举着山脉，山脉避让着深谷，深谷畏惧着雪山，雪山那头忽然就变出了一片草原。

遗憾的是，我连眼睛也睁不开。所有被惊叫着纳入镜头的景色，几乎都是事后在同行者手机相册里"体验"到的。整整一天半，像小猪般圆滚滚的一枕头氧气，成了维系我和车厢里高反剧烈者生命体征的"救命稻草"。

"到了，巴塘。"

随着下车的窸窣声响起，头上压着的石头忽然被搬掉了半块，这才意识到海拔下来一些了。巴塘在四川与西藏交界的大山的腹地深处，地处金沙江中游东岸。

一夜休整，翌日早上被带进白云脚下的新学校——巴塘县人民小学与中学。学校占地之大，房舍之新，看得我一惊一乍，呼吸又有点上不来。

校长志玛央宗稳稳地站在水泥大操场上，向众人说明这是新校址启用第二天，"食堂还用不了，孩子们都是自己带饭。"这时候,盛装的孩子们叽叽喳喳地来了,"天籁童声合唱团"拉开架势,就在白云苍山前的学校大操场上,排成"放牛班"的形状,打开嗓子,"雅拉索……"喊叫式地放出所有的音量。尽管少了点优美,但是听得出心意沉沉,这歌声里满是巴塘人从父辈传到他们身上的性格。

终于身体活泛一些了,我拍了几张照,有点想坐下。看到被副刊同行包围着问了半天的女校长腿都没挪一下,没好意思。

当天是星期六,每周六上午正是孩子们上活动课的时间,教的是藏文书法、二胡、唐卡等艺文项目,用的是北师大版本的教材。据说,学校和成都实验小学是"对子"学校——这得翻多少座山,才到得了成都和北京?在这样一座几万人的小县城,办得成这样的教育,舍得投这样的校舍,甭管它是面子还是里子"工程",大概亏不着孩子什么。

"入学有条件吗,家长得有些身份吧?"问话下的意思,带点犀利。

"巴塘所有孩子都能入学,不要条件。"志玛央宗的回答不带半点格楞。

懂点音乐的副刊大哥直接提意见了——"天籁合唱团"能不能不用电声伴奏;合唱指导能不能教孩子美美地唱歌,而不只是扯着嗓子喊;能不能把声部切分开来,高低声部的音量搭配是有讲究的,"绿叶"可不能抢了"红花"的风头……

两坨高原红亮起在女校长的脸颊,"太好了,我们非常需要帮助和建议。老师,留下您的大名好吗……"

十几年前就来过这座康巴小县的同行者说,巴塘原来就只有一条街。那次他来,下着鹅毛雪,许多藏民就在路边野地的黑色帐篷里过活。这一次再来,巴塘已经扩展成了一个可观的县城。城中一条河,两边建起康定那样的艺术护栏,俨然川藏线上旅人住宿歇脚的大门户。

上车时,白云就在古色古香街道的一根平行线上瞅着我。我嘀咕了一句:吃了一路缺氧的苦,路上和县城的风景都没看上。在耗去一日到达、却只停留一个多小时的巴塘,看了所学校。

第二三日,向理塘去,向雅江去。

穿越海拔四千七百一十八米的卡子拉山前后,脑袋又开始不争气地裂痛起来。偏偏在高海拔的一处草原,遭遇了高原路管。停车一小时,头痛和胸痛再度袭来。车门一开,所有人抑制不住热情,奔向夸张地铺展到脚下的草原和几天里头一次咧开嘴的太阳,唯余一枚江南中年汉子,捂着胸口在车内吸氧,听外面奔跑取景喧嚣无比——我错过了据说是此行最让人惊叹的景致。

车进雅江,海拔令人舒服些,却不再往有风景的地方去。看的还是学校。

这里的农牧民是散居的,他们的后代却一直以受教育程度高而著称。没有什么奥秘,雅江用的是集中办学的办法——在有四千多孩子的呷拉乡教育集中区,藏汉双语幼儿园和寄宿制中学收纳了所有的孩子。到访是周日,上午有课,下午是管理员老师组织住校孩子们洗衣服。帮小的洗,教大的洗。还帮男生理发、洗澡。

快要参观学生浴室时,大概是因为水土不服,我被困在离教学楼百米之遥的坡道尽头的学校唯一公厕内，几进几出半小时，几近虚脱。

到我重新走回坡道的时候，同行队伍已准备撤了。"很大很干净的浴室呢，我们都觉得老师管得比爹妈还多，那么辛苦，那么啰嗦。"他们都来自一、二线大城市，语气里却听得出"羡慕"。

这时候下课铃响起，戴着红领巾的学生一股脑儿奔着坡道上的厕所而来。一瞬间我逆人浪而行。不论高矮胖瘦，孩子们在坡道上撒开丫子欢跑，或咯咯地笑，或嬉笑追逐，并没有老师喝止。那速度，就是在野地里奔跑的速度。

那一刻，不禁想到在几千里之外的课堂里正襟危坐的儿子和他们从来不被允许在教学楼里的奔跑，甚至是快走……雅江学生奔跑的表情是最真实的。唯真实与天性，才让人过目不忘。

闪回一个画面——

前一天，车正驶离理塘的藏民草原客栈时，不经意听到一个陌生的声音在大巴中门处响起。这才发现，那里伫立着一个脸膛漆黑、穿一身黑服、戴黑礼帽黑眼镜的康巴汉子。那是高高大大的理塘县宣传部长赤列朗加。看到吸着氧的我们，他先补"一刀"——大巴车此时是开在毛垭大草原上，排氧量不到你们平原地带的百分之五十。

他指点着车窗外的牦牛，一笔笔算着脱贫攻坚的经济账：雪灾里冻死一头牦牛，一户牧民亏多少钱；退牧还草、退耕还林，每户每年补贴多少；牦牛不能圈养，要高端化，每斤牦牛肉卖多少钱才能保本……

可他唯一一次咧开嘴，笑得露出白牙时，说的是教育：咱们这里的办学条件在整个大牧区里也是一流的，小学三年级过后全集中到理塘县城，寄宿制，没有孩子会因为家里穷上不了学……理塘考进大学甚至是名牌大学的娃子，每年都可观，如果不是经年累月地坚持做教育，牧区人就只能永远靠天吃饭。

赤列朗加学畜牧出身，在这里待了三十五年，一身都是高原性疾病。"有点怕退休。"他的这一句话含义复杂。

送到半途，他脱下帽子致意又戴上，随后，高高大大的身影消失在大巴后的摩托上，调转方向往属于他的那片草原去。

巴塘，理塘，雅江。

地广，雪烈。牛羊走，人口稀。

孩子们在云朵里疯跑；赤列朗加咧嘴笑的那一刹那；天籁合唱团扯着嗓子歌唱……我吸着氧，迷迷糊糊。窗外山色和云雾不再令人感到陌生，却在变幻中退后。

当我不需要再吸氧的时候，我明白，这一趟甘孜行，就算我错过了太多风景，我大概也没有错过最温暖的那一道。

一夜海上雪有无

成都宽窄巷子某院落

一夜海上雪有无

上海的雪,似有还无。早上拉开窗帘,房顶上有老者白眉的一撇一捺,地上是大妈凡士林没有抹匀的脸,中间干、两边厚起白霜,除此以外,雪的消息杳然。

老人把肉粽和包子凉了又蒸,待我起得来,也就补充了一句"下过半个小时大雪"。是不是鹅毛大雪?是不是北风紧、一地白?也都没交待。雪就这么过了。此时,上午八点半。恐怕大多数窝在家里如我者,也都这么与雪擦肩。

这场雪来之前,很是令人期待。上海来雪,几乎是期待老蚌抱珠的节奏。上一回是2008年,我偏偏在开年的冬日里学车,每次练倒车小路考大路考,要清晨四点就起床往南汇赶。于是,三场大雪铺天盖地的样子,我一一领教。出小区时,晕黄的路灯洒在足有七八公分厚的积雪上,作为第一个雪中印痕者,"咯啦咯啦",像踩提拉米苏的感觉,脆爽。小路考时大白天大雪,不得不暂停考试,心里开始是焦虑的,可是雪一两个小时不间断地盖下来,下没了我的脾气。在车里蜷起身子听雪,窗外的飞絮迷蒙了远处树林,那个时候心里出奇的静。恢复开考,结冰的路面竟然也没吓住我,淡定从容地一遍过。

此后因种种原因,我没有开上车,成了"捂本"一族,那史无前例的上海的雪,和那一回难得的安静淡然,也一起捂在了记忆里。

这样的雪对于暖冬频繁的上海,是片光。故而,此前几日,本地微信上对于多年未来的这位稀客连续刷了几天的热望。不知是有意无意,北方朋友们的公号上转了许多"北方有多冷""我说了句话,刚出口就结冰了"之类新条目,大有"咱们这儿雪太多了,分你们上海一杯羹,不谢!"的傲娇。心底扑哧一笑:上海的雪下得厉害的时候你们没见到过,上海的雪下得不厉害、或者基本不下的情景,你们也没有见到过。好的雪意,漫天满地地给,是一种;似有若无地飘,或者就不来,让你许久地期待飘雪的情形,也是一种。你们有的多,我们稀罕看,这也就是南北对雪意的一种分享。若是换了霾,那就南人恨秋风,勿许过长江,谁要谁拿去。

更何况,对雪的期待,在上海这里憋久了,会酝酿出更美意朦胧的诗情。就比如,我一夜醒来,看到陈鹏举先生已在私信里传来了"听雪二首"。那第一首是:

一夜江南雪有无,晓来借问绿菖蒲。紫云冻砚新磨墨,画个扁舟访戴图。

显然,鹏举先生经历了这场雪。你看,全不是北人过于丰饶的雪情,而是江南雪在有无间,在来雪和想象的空白间,跟自己痴迷的诗书画和挚友们贴得更近的那点心意。写上海的雪景,正面描写往往输于侧面,因为侧面往往是顾盼与窃喜,是迷蒙与捉摸。雪与上海这座城市的态度,也就是这样的吧。

有更多新闻当班的同事,从夜里就开始选位、捕捉画面。因为昨儿一天滴里嗒啦不胜其烦的冬雨,最后指向的就是预报中这一场犹抱琵琶的雪。他们也是采用侧面描写的——在人行道这边,聚焦雪里赶路、赶车、骑车、打伞的人。这样的照片跟雪有关,却是有热度的。我喜欢看照片里那些人的表情,或没有表情。尤其是其中两个年轻女子不约而同地仰头看雪的那一帧,可以坐实这场雪与城市的关系,或者说是情感。这个时候,雪是这座城市的无言的旁观者,它降落着人们的期待,扒开人们对于纷扰世相之外的自然左顾右盼的另一种眼神,不管你觉得雪优雅、脆弱、苍白还是烦人,它来了,它来过,直到我此刻在大白天里领教天光越来越亮,它还在一些屋顶上留存了关于自己曾经到过此地的消息。

我曾经以为这又会是如2008年那样凌厉的一场雪,心里准备好了一句诗:晴归人心暖,雪过大地白。现在看来这不可能是现实的雪景,就只能放在心里。

不管它铺天盖地,还是似有还无,我都喜欢上海的雪。就算大地不能变成白色,这座城市的人们心里也多少存了些对于这些难以捕捉的白色的念想,这样的人们还不在少数,这样子的上海,也更加灵光。

收篇时太阳挤出,雪印的时辰不多了。我要出去走一走。

春天是会骗人的

几场雨过后,空气里弥散着树和草的味道。上海的气温像神经质的诗人,忽然爬到了春天所能承受的顶端。秋裤,一日便脱尽,堆起在洗衣机里。

孩子刷牙的时候对着镜子臭美了许久,他说,你看我是不是瘦了?有腰了?果然,脱掉了直筒式的羽绒服,就算一米六、一百二十斤的"方块儿",穿什么也都依稀有了撇和捺的轮廓。

他继续发挥道,以后买衣服,要给我买有腰的,包括羽绒服,要像你们大人一样有腰的那种。

昨天还在失眠的老人,变得神清气爽,一早上就嚷嚷着要把床上三件套都洗了。"腿疼没那么厉害了。"她说。然后翻出一件中短呢子外衣,穿上,在我面前走了几步。咦,啥时候买的蓝灰呢子?合身,好看,却不扎眼。听罢夸赞,她的脸上是神秘和得意——买了二十年没敢穿,前两天翻出来,配了特别考究的扣子,还行吧,不显胖吧?

她挎起了碎花小包,说是出门走走。从阳台远眺,忽然看到了她停步在中庭花圃的一棵樱花树下,像婴儿般仰头,咧嘴笑着。这才明白为什么到顾村看樱花的提议永远被老人拒绝。她发现了园子里的秘密。

我在开往城市西南角的轻轨上,感觉到一丝燥热。这不,列车还来不及从制热调整成送风模式。坐在眼前的大妈,捂于一身棉袄,一边用手中的小广告奋力扇风。挤过身边的小伙只穿背心,一股汗酸味儿定格。棉袄大妈,站着的穿夹克的我,背心小伙,不经意地围成了冬、春、夏的三角,我看看你,你瞟瞟我,心里有没有"你们乱穿个啥"的不屑与窃笑?

中山公园站到了,一束香水百合凑到了身边,花束挡住的是日系风格打扮的短腿姑娘的脸。

我用力吸了一口气,是很美好的味道。

划拨开手机屏幕,微信上一片追忆张国荣的声音。已经是四月一日了。看到那张定格在四十六岁的脸,眼神若桃花,绽开时搭配着几丝细纹,有诚意的嘴角和不与世界和解的挺直鼻梁,就会想到他在那个春天开的那个残酷玩笑。可是十二年过去,残酷二字消退,他在春天离去时带着玩笑似的微笑面庞,成了跟每一个春天因缘际会的人性符号。这是一个无解的符号,迷也好,伤也罢,就是难有一个唯一的答案,恰合了你身边一眼望不穿,享不尽,没来由来,也没来由去的春天。

已到黄昏。上学路上还在感叹"我喜欢春天啊"的孩子,鼻子和喉咙里不断发出抽搐的声音,可以断定是在旺盛的厌氧菌、花粉或尘霾中,领受到了春天所给出的一记反手棉花拳。看眼神知道他有点颓了，作业本旁用过的抽纸积起了一堆。

老人斜倚在沙发上，面有酸涩。我知道，不明就里的腰酸腿疼，跟春天一起，嬉皮笑脸地找上门来了。打开红花油，胡乱地抹着，可是那些酸痛处很朦胧，皮下深度很抽象，就像洇染成一片的春色，看得见，摸不着，叫人奈何不得。

得了两张交响音乐会的票，呼了张三同去。前两天还在微信里意兴阑珊，今天说话却有一搭没一搭。细询之下，方知春之辞骚和春之郁闷，同时找上了他。也才明白，他有一次说起的抑郁症相，真不是那种"不得个抑郁不好意思说自己在文艺圈混"的假托。春天快来了，他一直是有所期待的，可是，春天来了，真的病了。开始是莫名兴奋和得劲，后来是莫名颓唐和烦躁。不能听音乐，不能看电影，直到不能赏春。于是就窝着，关着窗子，把春色关在窗子外面，太平无事。

听得出，语词里有一点失落和失望，像跟一位接洽已久的特殊客人失了约，既期待，也有被骗感。这个客人，对朋友张三而言，就是春天。

开晚饭了。

有抓住最后一波笋潮的"腌笃鲜"，鲜肉精瘦，咸肉肥美，还有赶着第一波上市鲜头的蚕豆。孩子和老人忘了不适，复归朱自清笔下"抖擞抖擞精神"的模样。他们的神情告诉我，春天没有那么好伺候，可是，在饭桌上动起筷子来的时候，春天还是蛮好的。

春天的确有好几副面孔，而朱自清只写了春天的一副面孔。何况，现在除了受享自然的春天，还有霾，还有厄尔尼诺，还有人情世事突变的种种来掺和。如今的春天朦胧而复杂,不过,大概在人心里和口中,只要她的花草香和春笋豆香还是一意的青葱恣肆,大概这个春天就还是蛮好的。

当然,她有时候会捉弄一下你,让你不知是痛是笑,就像张国荣的笑容曾经欺骗了我们一样。可是,仔细回味,有过了这样的春天的人生,毕竟还是好的。

一夜不响,梦醒不扫

昨晚,其实是今晨,我做了梦。梦里跟一匹马在恶斗,那马怎么长了个牛魔王的头和角,一边打一边想笑,结果就被它杵着钢叉逼到了墙角。只能拿出手机说:摇一摇,少的收兵?它同意。没想到牛头马用手机"咻咻咻",那声音和频率让我绝望。最终,它只有四张卡,单缺"敬业",和不了。我摇到一块九毛四。它恼怒耍赖,拿起钢叉劈脸扎来。

梦醒,六点四十。窗外是不时驶过的轻轨列车摩擦轨道的男低音。猴年第一个早晨出太阳了。小区地上洁净,可是总感觉这世界依然有点不透亮,一回神对了,两位马先生的企业,在我们的手机上放了跨年的烟火,人人心里纸碎一地。曾经惊呼狂喜,为了一两毛、五六块,多则三四十的"一声响",至多也就够买一两个赛百味,就把关于春节的那点念想都透支了。醒来盘点,那点细碎银子和细碎的狂喜,跟满地横陈的烟花皮子一样,在心空中爆裂了一个个气泡后,变成虚空。所幸还有红包的交换,在自己,基本上是拿一个送一个的节奏,在各种群里,听到众爱卿"发红包的老板真帅"的山呼,就跟放了八个高升那样快意。一夜过后,网络这个没有星光的天空里,除了用所有人的钱烧掉了一夜的烟火,散发一星星光亮以外,我们都明白真正的赢家属于人家"二马"。这感觉就跟你在云鼎或拉斯维加斯下了一夜的注,走出来发觉你的头顶是赌场的室内屋顶,还是感叹人赌场老板牛掰。

尽管这样,猴年这个特别的跨年之夜,还终于因了这一个不一样的屋顶,而不显得太寂寞。

外面听不到一声炮仗,空气干净,环境安静,似乎老习俗一朝被猛烈扫尽,也瞧不出什么大不妥。过大年的那点人心,需要安顿,很重要的另一个出口是那台春晚。它依然锣鼓喧天、排山倒海地来了,可觉得有点不太得劲儿。前几年基本上靠炖炖亲情奶茶为主的那台荧屏年夜饭,如今变成过于严肃的工作餐,又像一个一根筋的牧羊人,甩着羊鞭就把我们往村上那片山头赶,其实山上面已经光秃秃不剩几个草茬子,可他气宇轩昂地唱起草原赞歌,把他自己感动得稀里哗啦,手一挥,让我们低头吃草(年夜饭)……蓝蓝的天上白云飘,白云下面马儿跑。文艺的山头如果把观众逼成荒坡上模仿吃草的羊,你知道那些羊得有多缺钙吗?看这光景,吃年夜饭前就已经躲进"二马"那个屋顶下的我,早早从羊脱逃为猴。在网络界面里进进出出,嗖嗖嗖,咻咻咻,哗哗哗,只要包包一开,嘭——啪——那一层细碎的快乐,总好过在屏幕里看人真心假唱。

只有偷着乐,只有小得意,可是,就算最凡俗的快乐,也比经不起推敲的情怀和诗意好。当然,只有俗心的世界也是不够的。其实不免有点失望,这个世界不再有烟火了。网络里有跨年的花火,一瞬燃起,消失于无形,我们还是我们,不会是不一样的烟火。

好在是过年,图个热闹喜性,没其他的。

只是团圆那个功课,做了一半。自打在荧屏上晒出老妈等我们吃年夜饭得到一百多个赞以后,半顿饭的工夫,我们这些熊孩子就各自低头,开殷,咻咻,刷刷……到了今天零点,为了单位一猛男的第二波红包千呼万唤踱着方步出来,就差用牙签撑眼皮。为有个过年的动静,求个实在的乐子,烦人的事儿没少干,所以,梦里也是咻咻咻。醒来觉得有点对不住老妈,我们太沉浸于屏上的烟花,她不生气,洗了碗就送孩子们出来,乐呵呵地,继续看她的电视剧。

昨夜满屏碎屑还在,起来看到厅里地上瓜子壳,就起意打理,却忽然想起母亲的交待:不能扫,不能扫。好吧,留到禁忌失效,这才是年。说好毛笔写春联,可熊小子还在赖床。于是又捧上手机,看到自己的脸在液晶屏的反射里晃悠。

诡谲的雨

雨势惊人，不久，路面凹陷处就变成了一个个积水潭。撑伞，从潭边极窄的泥湾绕过，偏偏此时，多辆小车奔过，毫无减速之意。车过，下半身就成了"泥人张"。

我恶狠狠地看着远去的车影，声讨之声未绝，又一度红灯翻绿，车阵飞速碾过，给"泥人张"再糊一层外壳。骂不出声了，看着远方迷离的风景、高大的建筑轮廓线、依然大放五彩的广告屏和绿得滴油的梧桐，一水地成了墨彩。心里却迸出两个字——蛮荒。

精神上的蛮荒，是无法用高大上的外壳来掩饰的。

等了半天才来公交，很空。白发人走到后车厢，方欲就座，看到双人座椅空着的一边一片水渍，立马打住。答案在紧挨湿椅坐着的中年男人那里，手中一把依然淌水的雨伞，从椅子上拿起不久。他懒懒地抬眼瞟了一下老人，安坐不响。

下一站，乘客多了起来。一位白领模样的小伙显然是着急占领这个刚发现的空座，坐下前发现了老人不坐的奥秘，小伙子犹豫片刻，用手抹了两把水渍，再用背包刮擦座椅未干处，就这么半干半湿，把屁股压了上去。前后左右无人出声。

有一些发了霉的人性，往往在催霉的雨季里朵朵绽开。

再大的伞也挡不住斜风暴雨，到了四川路一座新开不久的商厦避雨。用纸巾擦掉脑门上的雨水，借用厕所隔间，意外地看到了厕纸筒——一概金属材质，加了一把黄铜色小锁。端详半天，哑然失笑。

走到地铁排队线前候车，擦身而过的壮年男士以迅雷不及掩耳的速度，飙出一口痰，射于脚跟前，然后掏出最新版的苹果手机，若无其事地玩起游戏。清洁工还在远处打理，我只能选择远离这扇门。

轻轨驶向更热闹的站头，跟前的大嫂一身香水味，大声"传达"她与闺蜜的唠嗑。故事精彩——怎么看管老公，管账，管作息，翻查手机；怎么下套套出一切可能出轨的蛛丝马迹；怎么觊觎婆婆老式被头箱里几只从民国藏到现在的戒指、镯子，如何抢先于两个小姑子下手……一车厢听众都在嗓音洪亮的"故事会"里过了把瘾。这边说书没完，那边一个修理工模样的男子开始大声"接活儿"，应付催单的，跟工友交流怎么"飞单"，揩点单位的油……

如果作家们也坐坐地铁，那么，一些已算成功的上海题材，兴许不会流于编编故事的"闲人饭局"。这座城市底子里的栀子花、白兰花，其实开在众生恣肆表演的公共空间里。如果没有食尽世俗的烟熏火燎之心，或许依然难以捕捉花色下面的"繁"字。

黄梅天里，这个"繁"字，直接指向"烦"。

小笼包蒸屉就是此时的世界。油腻腻的面孔，湿痛痛的关节，晾不干的内衣，换来嗟叹和胸闷气短。且慢把场景切换到弄堂，其实，这辰光还有多少上海人是认同石库门风格故事的？高楼里的独居，车阵中的落寞，网络上的精彩与颓废，快速、扁平、光鲜的生活之后，是空洞、浮表、自私、冷漠的心灵平均指数，它们决定了城市生活的气场。比起银幕上粉造的"小时代"，人们更有体认感、更频繁触及的或许反而是那些不那么光鲜、平顺、奢华，不那么高调、整齐、方正的城市细节。那后面，才是细腻却不会说谎的人性的寄居之处。

窃以为多少年以后，作家依然抓住穷街、老房子和亭子间的故事不放，多少有点自拘与错位。正好比老房子里滚动播出的可能是完全没有质感的当代浅表生活符号，而"新生活"场景里，却原来埋伏着当代人本没有走出的一条条精神"弄堂"。哪一条弄堂，才更抓得住这座城市的灵魂？拼凑已土崩瓦解的物质弄堂，拷贝民国时代就烂了梗的旧素材，无视星移物转的生活中无处不在的精神窄弄、城市病症、心灵困顿，去演绎那些毫无真意、放之四海皆不错的故事和逻辑。那样的故事，骨子里是发霉的。

江南的雨云这个时候最最诡谲，雨水冲刷得出这座城市人文生态的肌理。

这座城市永远超越我们所能给它圈定的鲜活和丰富。你说它大气时它逼仄,说它狭窄时它忽又展露宽阔奔放的一面。它是个谜,性格的谜,人性的谜,文化的谜。

乱想着,南京西路站到了。

出站闸机外飘来一张似曾相识的脸,眼睑处是似乎哭泣过度的烟灰色,一口标准上海闲话更是让人不得不停下脚步。"先生,我碰到了一点事情……能不能麻烦你借三块钱给我打个站内电话?"

恰恰是这张烟灰色的眼睑,恍然提醒我几天前相同的一幕。也是这个穿着不张扬、一脸为情感变局抓狂表情的女子,让自己动了恻隐之心,直接掏出票子……

"你不认得我了?你把这个当生意来做吗?"闻我此言,女孩一脸愧疚地欠一下身,对我小声说了句"对不起",蹩出了车站。

点破又有什么意义呢?

脑袋里预设过了这一幕之后,我依然摸出三块钱,交到她手里,看她烟灰的眼睑下绽出一丝满意的笑容。然后,我选择赶快逃离车站。

外面是瓢泼的雨和发霉的空气,撑着雨伞慌张地走进去。但我知道,身后那些谜一样的人生和车站,我甩不掉。

白云自去来，我思若无思

其实是先品到这座山的茶叶与茶水，才有后来双脚踏上径山的际遇的。

到余杭第一天，晚饭前已是饥肠辘辘，天色将昏未昏，几盏青灯斜射在餐室隔壁的一张大茶桌上，也斜倚出七个疲倦的身影。

这时候，只见齐眉刘海、颧骨高高的她不期而至。一袭赭红色无领对襟丝麻上衣，脸上似笑非笑。她打开茶具，一边用二分之一于我们的语速说话。别误会，我不是茶道表演者，我只是玩茶的，跟朋友玩着玩着，也就喜欢上了。

用的是径山绿茶做的抹茶粉。大小茶壶碗盏，在她的捻、冲、滤之后，用李安一秒一百二十帧拍着都可能虚掉的速度打匀。成就的一碗茶汤，竟然没有什么浮沫。一如端坐一刻钟，除了手势和微笑，几乎没有动态的她。

分到七个慵懒的小盏，就够润一润喉。这几滴下去，七个慵懒的身影忽然各自活泛了。有说问到了奶香，有直接问怎么会喝出点甜味，有舌尖再舔杯底余味的。我是直接倒下去的，根本没有来得及咂摸,这时候也被口里的回味爽到。那种味道像是极其丰富,难以形状,可又像什么味道也没有,只有齿间的芳润,幽然地释放着。

几乎不相信,抹茶怎么可以有这样的味道。

确实是径山茶叶捻碎成粉的味道。只是茶叶,什么别的都没有。她说。

在第二、第三杯的捕捉后,她将我们浸润了茶色的眼神,引入了又一个茶碗。这一碗不是用来喝的。她说,我要分茶了。

一些时辰后,极少浮沫的那一层圆形的抹茶上,雕刻出了一个古意时光。近景是竹枝与梅花,中景是古刹屋檐,屋檐旁留白处的飞鸟,切出了远景。

一切是她以牙签尖部蘸上抹茶粉,用干茶粉的浓,刻画于抹茶水的淡幕上。

说神奇,也纯粹。一切起因于径山茶,一切原料是径山茶,一切呈现是径山佛国与自然景象,一切因果,来自径山茶。

举座无话。

忽然,她抿嘴一笑道,分茶的时候,有的师傅会故意掉一样东西,比如不经意摔一个茶碗,弄出一声巨响。往往这个时候,茶客才恍然觉悟,窗外有风清月明,眼前有青灯茶画,才明白自己置身何处。虚虚实实。那也往往成了分茶的一部分"行为艺术"。

她这句话,就是摔了一个茶碗。

眼光游离。窗外修竹,白墙。径山早已隐没。这个时候,心底静处能够听到山风。

我的心神"野"出去后,不敢久留。心中有谜未解。又回到了一直提心吊胆担心着会不会消失的茶画上。

但见它纹丝不乱。

一个半小时后,在隔壁用完晚饭,七个人惦记着这碗圆形的茶画有没有变形成"我不是潘金莲"?但见圆画上,屋檐旁的飞鸟渐渐淡出,竹枝抽出新芽,画形渐变,但时间还在继续创作,没有破坏它的意思。这时候,窗外星光热闹起来,大概借了月光不亮的机会。径山脚下的空气,仿佛也带着抹茶味道。

缘起,茶。茶起,画。画尽,还是茶。

这一夜,我放下了上午上高铁前还在焦虑的另一座城市里的事情。梦里,空无一物。

似此夜那样吃茶,原是一千多年前陆羽师傅就记载得很清楚的一种情状。

《茶经》里,从源、具、造、器、煮、饮、出到略,他录下的茶艺之道,是我们曾经有的生活,却又在细雨轮回中失落。这些年重新捡回,或有人说,重新从东瀛现有的情状中,"借鉴"了回来。

如此说来,好的东西,尤其是不成形的,非物质的"道"或"艺",大概也没有那么容易彻底失去。

何况在余杭此处,有开山鼻祖法钦亲手种植、而今遍野漫山的茶林茶花在,有浸泡在茶香中的千年径山寺在,有巡幸径山、或是被径山巡幸的六代帝王的遗迹在,有两任杭州的苏轼的笔墨诗歌在。

欧阳修、陆游、龚自珍离开了，金农、徐渭又来。他们的踪迹许会模糊，但文墨余香却留在了径山茶里。

隐居过此地的李清照，后来是否还会常吟这里的诗词已不可考，但她绕水环山后的佳句"双溪春尚好，也拟泛轻舟"，大概与山水一道，把经年美丽着的江南入口的径山，描摩作了江南美丽的眼睛。

故而，径山岿然，风轻云淡。也才有我们的好茶喝。

第二日，真正的径山，几乎是"飘"上去的。

前半程兴奋，是被满山苍翠"抬"着脚步上的。

后半程，出了许多汗，停了三四站，在古老和新栽的茶林渐退渐慢中，腿脚也跟着绵软起来。

到了离"江南五十刹"之首的径山万寿禅寺最近的一个瞭望平台时，看到遮天又遮山的白云与我平起。想起"青山元不动，白云自去来"，顿时一轻松，就愿意自己是云一样飘上来的。

入径山寺前的五百米路程，"云朵"忽然飘不动了。

立在路旁的许多木制铭牌上，诸位祖师留下了悟天感世的"法语"，更哪堪宋楼钥书《径山兴圣万寿禅寺记》，洋洋洒洒录了繁花盛景，让千年前的岁月一览无余。三步一停，一路看去。

去时夏暑侵衣热，归日秋风满面凉。

一切处荡然无障无碍，无所染污。亦不住在无染污处。观身观心如梦如幻。亦不住在梦幻虚无之境。

后一句是叫人放空吗？

寻思着，忽就来到寺庙前那株高大的银杏树前。我站在千年割昏晓的它下面，想象着它站立的数十米高处，目之所及是什么样的风景。

一阵风过，抖落金黄一片。

忽然笑觉，我就是站成了一棵树，大概也看不到古银杏所见的风景。我这个新客，最多就是接到了它千年后抖落的几片叶子。

万山寿寺千年来没有避开乱世中的苦难，修了毁，毁了修。一千两百多年后，重又大兴土木。最高顶正在塑造径山大佛，据说明年可成。寺内脚手架林立，暂时也就无甚可看。

住持出访去了。小师父方秀兼有，把正猜着寺前幌布上的禅语书法的我们请进门去。喝到了径山红茶。

点茶，献茶，闻香，观色，尝味，听叙。

我只顾看他在七个茶具旁列着的宝瓶里，插的那枝山茶。它花瓣的色彩，和杯中茶色，师父袈裟颜色，竟然不谋而合。

手欠。不老实喝茶，去挪过宝瓶玩看。还没到跟前，黄色茶花飞堕枝杈，睡在我的茶杯前。

径山容得大呼小叫，容得内心碎念搅动，茶花飘零，它自去来，不露声色。

小师父依然向每个人微笑。

下山时，在高台眺望。上午遮天的云，此时开去。遥头山、岩山、鸱鸟山、黄回山、马湖山、舟枕山……九龙环绕。如果视力好一点，上千亩的径山花海，三千亩的溪滩竹海，上万亩的碧绿茶园，特别是余杭市区最大的人工湖——径山湖和她怀里已成气候的湿地小渚，也是细节历历，可以让人痴望许久的。

可这个时候，好像没有心情贪恋风景了。

想起万寿禅寺门前那棵长到了云雾里的千年银杏。它什么看不到？它还想要看什么？

到得了它的高处，便到处是山，到处是茶，到处是禅。到不了它的高处，便跌进江南的怀里，便泡进径山的茶里，便步入柴田的鸡鸣狗叫里，也坦然，也自在，也喧也满，却也空。

就像，此行径山，两度喝茶，当中看山，红红绿绿。想又如何，不想又如何。

又要跨上子弹头一样飞驰的高铁列车时，嘴边低吟出一条好玩的径山祖师法语——

诸佛出身处，浑不用思维。
早晨吃白粥，如今肚又饿。

2016年11月26日
写于上海闹市

一平方米城市,种点什么都是好的

客厅里茶几上多了一瓶水,插在水里袅袅婷婷的,是长度不超过中指的一株。

"你不觉得很养眼?家里有点绿意了。"她说。

真是绿得够"意思"。我欣赏着那还布不齐我视野的小嫩绿叶,撇了撇嘴。何况我长着亚洲男人的眼睛,你懂的。

女主人和她母亲,最近迷上了绿色植物。无奈这家里被体积可观的五个人和他们所有的一应粗物细软,撑得满满当当。还是老太太知道节省,一瓶白水插花,每日侍弄时顺带操练绕指柔。她微微一笑,像贾母看宝钗似的,带着得意与喜爱。

女主人则不习惯这针眼大的景观。

目力所及的最大空间,就在南阳台的一平方米空间。一平方米旁边是儿子弃用的玩具、书籍,老丈人拾掇下已经变得很收敛的雨伞若干、报纸若干、衣架若干,等等。可她马上打起了这一平方米的主意,毫不含糊,噌噌噌,在地上搁上一个直径二十公分的花盆,里面一盆多肉植物。植物绿色的肉肉,还不及餐桌上一碗红烧肉多。

"竟然还有地儿。"她自言自语。于是,不含糊,几乎每隔一天扒拉进来一个同样大小的盆儿。三四天后,一平方米里长上了"三胞胎"——一样品种的多肉植物,复制了三份,挤挤挨挨地并列着,像一列穿着绿制服的小矮人,接受着检阅。

她无限满意地站在客厅这一头远眺阳台。"这下咱们家被绿色包围了。"

我为辨认这三碗红烧肉——哦,是绿的,看晕了,差点懵了我的老花眼。

"咱家有植物了,这在上海,在还算市区的高楼里,是多么不容易的风景。"她继续抒情。

我只知道咱家已经很挤,能不把活人用的地盘给挤占了,就要谢天谢地。何况那一平方米(知道现在每平方米多少含金量吗)曾经是我每晚洗澡后,习惯性地远眺东南方向时的插足之地——尽管,多年前足以看到四川北路巴黎春天百货霓虹灯的视野,如今被一撸新起的商住楼,给堵得死死的。

巴掌大一点的地方,变成了"植物园"。每一次女主人和丈母娘招呼我看,还得蹲下,为了发现她们大呼小叫的生长"奇迹",我这视力还得在盆景里搜索半天,才能对上拇指甲盖大的一块"肉皮"。

"这能吃吗?"有一天,我忍不住揶揄了一句。

"拿你身上的肉换。"女主人不怀好意地打量着我日渐隆起的腹部。在饲养植物上,她的话语权和行动权,绝对不容置疑。

女主人和她母亲发展绿色家庭的急迫,像爬藤植物一样充满侵略性。

为改造儿子书房忙活一天,我的注意力都倾注在床放哪儿、书架布在哪儿。哪里料到结局早已注定。女主人们早已设计好了高潮尾声段落,我刚刚在书架的最后一个钉子上落锤,一盆绿萝就她被"种"在了书架最高一格,披散着绿叶,像清汤挂面般弥漫到下两格。

"这儿要放书。"我不满地提醒她。她不屑地摇摇头,"儿子看书累了转一下身,该是多好的一片绿色啊。"

可没地方放书咋办?对不起。实用碰上美学,刚需遭遇抒情,还得退让。

后来,卧室飘窗的窗台上也出现了一小盆多肉。她的修辞里,这是"空气净化器"。这迷你的小身段,得置办上多少个备份,才能真正吸光甲醛,放出负离子啊。

"绿不嫌少,就在乎那么一点意思。不信你闻闻,这边的空气味道都不一样。"

对于得寸进尺的严重性,我的预判严重不足。为了这巴掌大一个盆景,硬是不得不处理掉我搁了很久都没有翻页的一套作者赠书。

"那些书,我要的。总有一天会看的。"

"你先瞅瞅这小绿植物,多生动多可爱,等你老了,怕想不起这些书。看那小圆叶瓣,肉头厚得能掐出水来,对你眼睛得是多大的滋养啊。"

心里挣扎着。文化就这么被毁,我想。

天天看她们考据这些绿色植物生长的线索,逐渐也成了我闷闷的一项"陪读"课程。不过老是在心里嗤笑,笑这没一丁点儿动静的布局,笑这奇怪的固执与得意。

两个月后的一天晚上,儿子从书房做完作业出来了。他蹲下瞅了一眼阳台上的三胞胎,大呼小叫地说:"哎哟,肉片长了。"女主人闻声便出现在欣喜若狂蹲着看盆景的行列里。待他俩一起身,我傻眼——还是一米六几的儿子,忽然就高过了他妈一个头。

肉片长了。不是那片,是这片。一下子就到了一米七二!

绿色植物长了么?儿子点点头,说长了长了,老师叫观察一样东西的生长过程,我看到了。

他母亲,和母亲的母亲,像看一株高大植物一样仰视着他。带着看贾宝玉的惊喜和宝爱。

家里的植物,还在一点点地增加。然而"红烧肉"依然没长出来多少。我看着也有点着急了。

"你们那盆景,真能长出来吗?"

"那不是盆景,搁在非洲沙漠里,能长得比你还高。"女主人回答得自信满满。带着已经"种"出了"大肉片"的傲娇与自信。

好吧。

出差一周,到了绿色最多的地方。回到家里,累得不轻,躺沙发上。斜了阳台一眼,就跳将起来。

多肉植物当中的一盆,在绿色当中,抽出了一大朵紫色的花。我竟然激动得大呼小叫。

"开花了,开花了。"

她走了过来。鼻腔里哧了一声——

我妈上街溜达,发到一枝绢花,没舍得撂掉,插到了盆里。你激动个啥。

没有你的中秋，月亮还是好好的

什么叫适应？

她说，没有他的日子，一度天地崩塌。七年过去，无论月黑风高还是明月在上，日子还是平平常常，不好也不坏。

他那天说是去出个短差的，可就此从她生活中消失。那一天，她炖了昂刺鱼汤，他最爱浓稠得仿佛舌头要被黏住的这道美味，每回见了，一定是眼睛发亮的。她甚至很多次骄傲地对自己说，这道黄黄的浓汤，就是他俩这一辈子的黏合剂，有了这道汤，他的胃，走不远。

有一个中秋，她准备蒸大闸蟹，他嫌季候不到，还是要求做鱼汤。他咕噜咕噜地喝，在看得到月亮的餐台前，一边翻看着手机上的文件，不抬头看她一眼。她却觉得月白映入了汤碗里的鱼白，心定得如这膏油黏密的汤，把碗翻个个儿，也洒不出半滴来。

他失踪得决然。

手机号码，换掉。衣服，留下。四张银行卡，密码未改，金额皆在，她在他的西装口袋里找到，分明是他提前做好了功课。他的股票账户在她手里，钱统统可以转到其中一张卡上。

他净身走，没带走一勺鱼汤。

她近乎疯狂。动用了在这个世界上几乎所有可能的关系，找这个被她调润得肥肥的胃。可是，这一个明明还在眼前喝昂刺鱼汤的男人，像从人间蒸发了一样。

他的同事从不在她面前说什么，在她央求下，却抖出两句话：其实好久了，我们都知道他一直有人。你从来只晒恩爱，我们以为你大概知道，以为你要面子……

她始终不明白，他为什么要以这样的方式离开她，连一个招呼都没有，一次吵架都没发生。他向来安安静静，客客气气，平平淡淡，要她做些什么就撂下一句话，尤其是做汤，每一次提要求的时候，她从他的眼神里读得出渴望。喝汤时，她问："哪能？"他说："好。"她给他添两勺，整个世界都是圆的。

她失魂落魄了很久。

梳理过去，婚姻中点点滴滴，平素却是她以为的幸福，理不出一个头绪。从来在朋友面前不作抱怨的她，开始失控、倾诉、回忆、反问、痛哭、痛骂。越是失去他，越觉得他完美。

昂刺鱼汤，不做了。

为了不至于看到了触心，她索性连菜场也不去了。反正一个人，吃食堂。

中秋节寂寞地看着电视，餐桌那边会响起咕噜咕噜喝汤的声音。

月亮掉在玻璃台面上，碎碎的，她不敢瞄一眼。心里隐隐痛着,同时泛起恨恨的感觉。

好长一段日子,她上班时提包里藏着把折叠式剪刀。

她觉得有一天她大概会突然看到他。她不知道那一刻来临,拿这把剪刀是壮胆,还是果决。

日子过得极慢。

在说不清是等待还是失去他的日子里,时间杀伤着她的眼圈,焦虑磨坏了她的胃。经常泛酸,打嗝,极不舒服的时候,她把衣柜打开,看他所有的外套、衬衫和裤子,呆坐上半天,直到胃痛渐渐麻木。

秋风起,蟹脚黄了,变成一堆蟹壳。再到蟹脚黄时,她偶尔想到去看一眼他的股票账户。他走后她查过一次,就再也没有兴致打开过。

这一天,忽然觉得有点不大对,余额似乎大大得少掉了。

这个混账,终于还是对我下手了。她愤愤地想。

点开交易记录,却发现所有的余额,都变成了一只叫金XX的股票。一比对,比买入交割价,跌去已近乎一半。

她眼前一阵模糊。她不知道他用意何在,只理解为他故意坏她的账,可是为什么呢,她想不明白。

她冷笑一声,你现在懊悔鱼汤喝得太多,把钱都留给了我是吧?

她第一次向单位老股民求教,终于找到修改密码的窗口。

从这天起,为了赌口气,不让股票陷入和她一样悲戚的滑梯,她不时点开交易系统看一看。

她开始了解一点关于这只套牢股票的情况。

她觉得下班后的时间反正难挨,开始报听证券公司的大咖和小分析师的课,记笔记,整理笔记。

她开始动一动手里的筹码,尝到过一点高抛低吸的乐子。可是,架不住之后长达五年的熊市。艰辛经营,吊进挂出,虽抢回来不少,却依然没有解套。

去年中秋前,她的母亲突然发病。缓解后,过节并不愿意待在病房,被她接到自己这里养些日子。

母亲只能喝汤,鱼汤合适。

她叹了口气,拔脚进了难得一去的菜场。走过水产摊位,有所避忌地瞥一眼鱼盆。活泛着的几条昂刺鱼晃入眼帘,看了,心头竟然没有泛起涟漪。

炉子上,重新笃出了浓酽的味道。

母亲坐在桌子边,一小口一小口地吞咽,慈和地看着她,停住了。

你看我做什么?她不自在地回了一句。

我看你白头发也不少了。怪我,心思都在你弟弟身上。母亲的声音黯淡下去。

鱼汤味道哪能?她心里一酸,岔开话题。

母亲点点头讲,还是这么好,好喝。低下头又舀了两口。

这个中秋没有看到月亮。母亲的汤碗里没有碎掉的月光。玻璃台面上也没有反射的清辉。

坐在餐桌旁,她心里觉得安生。或许是因为母亲的夸赞,或许是因了别的什么,还多了一丝很久没有过了的快活。

你要对自己好一点。母亲的声音隔着一个桌宽,烫烫地扔过来。

她抬头看母亲,发现她眼角有一点红。

避开视线,她呆呆地望向窗外。窗帘飞舞,像有手在翻动。她感觉妥妥当当的心里,有什么东西像被撩了一下。上海的秋夜,风吹在脸上,不热不凉,刚好。这一夜她睡得安稳。

他喝昂刺鱼汤的样子,渐渐变成一堆碎骨头。

中秋节前,她打开许久不看的账户,那只讨债股,尽管已不在最高点,却翻了两倍不止。她心里有点慌张,有点惊喜。

手还在页面上,朋友的电话进来。

有人看到他了,在南方一座以小吃见长的城市的街道上。旁边走着一个女的,看得出怀孕有月份了。她勾着他的臂膀,头靠在他肩上。

她听了,"嗯"了几声,不论激动还是忿恨的情绪,都起不来。心里却积了一口浓痰,到厕所呕了两声,吐掉。

她当机立断,把股票清了仓。漫无目的地走到大街上,一直走到腿脚发胀发麻。一看,外滩情人墙到了。三两对可人,向着对岸风景指点,莺莺燕燕。

她咬了咬嘴唇,眼睛再度有点发涩,却打住,没了连成瀑线的可能。

桂花又香过。

她已经数次相亲,并且有一个交往了一个多月的男友。感觉迟迟未来,但她想,这一次,总归不是糊里糊涂地被布在另一个人的局里。她不会勉强自己,慢慢来,快快来,都对,只要合意。

这个中秋的月亮,她还是一个人看。

母亲,成了喝昂刺鱼汤的最后一人。她去世后,她不再做这道菜了。

她坐在桌前,她终于不惦记着谁来喝汤。她给自己弄了一杯胶囊咖啡。

怕烫,往奶咖色的杯子里,吹了一口气。

一只月亮惬意地晃了起来。

枫林谷的叶子掉在了时间里

很多人的深秋,都深锁在手机朋友圈的九宫格照片里。城市角落里的一片黄叶一捧花束一朵浮云,都被特写放大夸饰。我也不例外。

直到远离被此"圈"圈住的上城,飞沈阳,转桓仁,用三个半小时冲出深锁天空的大雾,闯进一个叫枫林谷的地方,我才恍悟,眼球所及的深秋,红透了大半个天空的山谷,是朋友圈怎么样都装不下、秀不出的。

国庆长假最后一日的错峰出行,缘起于此前两个月忙碌劳顿,加之腿脚出了点问题,困顿累乏。朋友一呼,便索性挤出多年都没有过的爽利,直飞到了东北。

飞机舷窗外云层厚重,到了北地上空,分不清是雾还是霾,便浅浅地瞌睡起来。久未梦到的父亲的背影,不知为何出现了,似乎在走路,又好像身下有轮椅;前面是阔大的地带,又似乎什么都没有。父亲是要到哪里去?期待他回头,便轻轻地唤了他一声。我醒了,揉了揉眼。

辽宁桓仁满族自治县,满族一支曾经的肇兴之地,后汇入努尔哈赤麾下,有了将史卷推向清朝的雄迈厚重的底气。

这一路,当然有做"历史粉丝"的详追细究,按下不表。而在我向来到得少的北地,还是首先要走和看的。雨势不休不绝两天两夜,困顿在软湿县城风景里的我,有被拖回江南雨季的错觉。第三天启程枫林谷,云居然开了一道口子。车行,再开两道。到车不能再行处,国家森林公园到了。阳光始出,洒向快要发霉的心底。尽管天气一下子冷了,却一嗓子吼了两声,无词,一行人,进山。

来的一路已经不断见到暗红或暗橙,那是已经打了卷的满树红叶的落幕集体操。枫林谷却刚到红的时令。越往山谷里去,越是红到通透时。此红生鲜,此红耀目,此红当仁不让。

所谓"层林尽染",是诗人们的粗略写意。稍通农事者向城里来的"行者"们科普,枫林谷十四种枫,从地面开始,依山势和阴阳面的不同、红叶期的不同,一层层次第打开,又错落地盛衰着,就像舞台上,这一波跳舞的人浪已经伏倒,那一波才起势。枫林谷这两千五百多公顷面积的舞台上,大面积的红色受了秋霜的点染,也就把不同个性,通过不同的色彩错杂铺开。说是满山满谷的红叶,却也是"金陵十二钗",各自奥妙,傍邻绽放;又好比海棠诗社开业,你一树梨花,我半树樱桃,她几株菩提,全是热辣辣不甘平庸的生命,在温润美意的诗体中开合。

变红最早的枯了,姗姗来迟的酝酿着,持续最久的,一根筋地红着。枫林谷是红叶国,满山谷大多正当时的枫树,被一位兄长用航拍器兜兜转转,二十分钟后收回,竟然连一个山头都没有纳尽,"这红太深,怕无人机掉下去,就再也找不见了。"他说。

红色如此浓烈,何况经了秋雨后,晴空在遮天红叶的缝隙间布光纯蓝,光合着的红叶,一条条经络透明,血一般喷涌和散漫开丰润的颜色,旁边又是那些泛黄的或红得尚嫌青涩的叶片。蓝、白和嫩红,恰到好处地衬托着这大红主角的明丽、热烈与不慌不忙。

过一阵风,恰似一把火从谷口向谷顶燎去。生命起舞,哪怕只有短短一个月的热烈,也释放得武断而情愿。

不怪身边人大呼小叫,论谁都按捺不住。不论上海、沈阳、杭州还是青岛,街头万绿丛中,见到几树红叶,常常就被放大为刷屏点赞之大美。水泥丛林和嘻哈人群包裹下的红,邮票般大,寄托着对热烈、纯净又澄澈的境界的向往,借网络伸展出去。站在枫林谷,红却是整个世界。你跌进来,逃不走,被包裹在其中,任凭怎样取景,想要框尽这红的世界都是枉然。

气温降至三摄氏度,手机在拍摄模式中很快耗尽电量。在懊恼中数次开机,又遭遇关机,终于放弃了它,没脾气地一屁股坐在木栈道台阶上。

逐渐闻到带着树叶清甜味的空气,抬头发现和享受这头上的大红大紫,习惯于脚下时而蹿过松鼠灵巧的身影……呼吸开始平和,耳朵辨识得出溪水冲击山石的细碎声,脉动跟上了风吹的节奏,因行路拍照而激荡着的血流,也渐渐舒缓下来。虚张眼睛,试着感受阳光穿过树叶缝隙打在脸上的感觉,那些红的、黄的叶子,慢慢可以在视线中变大,变透明。

不能拍照的遗憾消失了。身临其境于一溪一泉一木一石,为什么不能用眼睛鼻子耳朵这些本来最发达的人类器官,而要用取景器去感知周遭世界——这大概是为人类的矫枉,也铸就了枫林谷的落寞。

渐渐我闭上了眼睛。只几分钟,飞机上瞌睡的感觉似乎又要来了。忽然传来极轻微的呼吸声,又像是叹息。我以为大概是我又要做梦,是不是父亲断断续续的身影又要出现?

睁开眼睛,却霎时呆了。在一阵更遒劲的秋风过耳之时,我的头顶和四围,满世界包裹着我的红色开始颤动起来。竟然下起雨来——千百叶,无一例外的金黄,左右翩跹着,舞蹈般盘桓,坠落,贴向大地。

这时候,意识忽然跳转到父亲用自行车载着我的情形。下着秋雨,他的大雨衣前部把我整个儿兜进去,我只看得到他稳稳踩着脚踏板的双腿。自行车胎轧过落叶,发出有节奏的"咔嚓、咔嚓"混响,我数着一片、两片、三片,贴紧他,觉得暖和……

直到父亲两年多前忽然离世,我都没有和他一起看过真正满世界的红叶。他患病那年的早些时候,我还不止一次计划,跟姐姐一起把他和坐轮椅的母亲捣鼓到北京,在十月该有红叶的时候。现在还记得他听我们筹谋时那放光的眼神。然而,顾及种种不便,应付于各种忙碌,说完就放下了。后来,就再也没有了机会。

他能和我一起听见在枫林谷满世界的红中,黄叶下雨的声音吗?此刻,我若推他往前一径行走,前面的阔大空间不是荒芜,而是烂漫熟红的枫叶世界。这也是一种圆满。

踩着落叶,我很快赶上了队伍。

海拔渐高，所有人都禁不住裹上衣服。这时，终于可以无遮拦地以对面的最高峰"八面威"为背景拍照了。然而，他们忽然发现有些异常——那些高峰像梨花开遍，一片晶莹白了头。

是雾凇！我上下载客多年，还没有看到过山上红叶、山顶雾凇啊。电瓶车司机连带着年轻导游都兴奋起来。他一脚踩出十几公里，把惊喜的一车人拉到了枫林谷的最高处。

零下三度的地界，引擎开始冒热气了。俯瞰桓仁满山遍野，作什么感叹，嘴里都带着白烟。我们都大笑起来。

这是怎样一个千树万树梨花开的景致。从万山红遍，到冰晶几百公顷地开花，一切的植物茎秆都成了冰挂，一切的花果都成了霜球。一夕秋，一夕冬，一刻遭遇。这也是人生吗，有时得，有时失，有时欢，有时悲，此刻，在心里激荡起来的却是一夕欢欣，一夕春。

衣着单薄的同行者，三三两两，瑟缩而顽强地走着，看着，拍摄着，呼喊着。衣着单薄的我，哆嗦着，抽着鼻子，一步一步，往更高的地方，去看更离奇，却也更让人心生欢喜的风景。

在这北地，在这枫叶烧过了的山头，在这时光似乎失去了公正的桓仁，我一步步寻觅，一步步感念，一步步地向上攀爬。

时间都去手机那儿了

手机相册罢工了。好一阵之后我才发现,只要手机不联网,相册就打开自如。关掉 WIFI 开关,看着被"关"了几个月的几百张照片出来放风,我乐坏了。

几百张相片里出现了许多张中西料理的照片。时间一长,想不起何时何地与何人享用过,就像看大众点评图集一样客观而陌生。捉摸不透当时是怎样的兴奋,如何在朋友欲下筷时伸手喝止,抢拍不已,得意洋洋。时过境迁,除了特别怪异的菜式或有朋友的脸映现其中,这些大城小菜,看着都没有什么胃口。

相册里怎么还有那么多陌生的房间?都是出差时一进宾馆就大呼小叫地先为大窗、大床、大浴缸、大贵妃榻、大窗帘留影。然后我的手机就变成了驴妈妈之窗。

还有几乎难以辨认是在哪个地方的蓝天。北京?石家庄?大同?厦门?只要心情激荡一下,手机似乎就被当成心电图机一用。拍完了或在朋友圈晒完,也就不大会再看相机里的蓝天了。

还有大大小小、奇形怪状、室内室外、镜子里外的自拍,自拍,还是自拍,经年再看,还是那张饼脸。

过一段时间审视,原来只要是外出时候的自己,大多数时候是卡在手机里的。

忽然发现了一张特别的。

那是在鹿特丹的宾馆大堂。几十个中国中小学生占据了所有的沙发,一律蜷曲着肩膀,静默低头,刷着手机。那次学生合唱团出访,每换一个住地,不外乎如此。其他CHECK IN的客人好奇地注视这独特的中国风景。有个老外还过来问孩子们来自哪里,向正帮忙看学生行李的我笑着,做了个低头刷机的模仿动作。这时候,大堂外等候CHECK IN的一队外国中学生,叽叽喳喳地聊着天,开着玩笑。难道他们没有手机?

哪里只是CHECK IN时。每一顿正餐,进行到一半,就有一大半学生拿出手机。男生打游戏,女生发微博微信。上了大巴,无人不手机。进了房间,十龄童们扔下行李拆开零食,就串门去打游戏。只要老师们不查房,是不知道回房休息的。

"你能说说法兰克福和波恩有哪些不同吗?"打了一路游戏的合唱队孩子茫然地抬起头,答不上来。

如今的中国孩子可以走得很远,手机却照样可以把他们囚禁在小方块的世界里。

还有几张舷窗里往外拍太阳和云层的照片,记得是同行的一位借过去拍的。那时整机人睡眼蒙眬,我醒着,飞机外的夕阳洇染云层,所以我看呆在座位上。同座坐不住了,说手机放行李架包里,非要借手机拍。新西兰国内的航班上可以用飞行模式,于是咔咔咔、嚓嚓嚓,手机挡到我眼前,各种取景,边拍边叫绝。忙得不亦乐乎之后,回看效果,一如预料——隔着玻璃,什么功能还超得过人眼?只拍得一团模糊刺眼的光晕。回国后,朋友没有问我要过那些照片,估计压根就不记得有这回事儿。

他错过了用眼睛看天空的宁馨时刻,还以为别人都错过了。

留在手机里的这些时刻,让这架机子变得更加冗沉。当然,还有很多有必要、没必要的APP、团购优惠券、电子会员卡,讲来绕去、嘻来哈去的对话、独白、怒赞和评语,卡得我这个机子,水泄不通。

"你好换更高级的手机了。你的容量可以好好扩一下了。"不止一个朋友这样催迫我。

禁不住怀疑,大脑和人生是不是可以像机器一样扩容升级,它的不断突破上限,把8G变成128G,人生就会精彩升级?

我只是手动地,一张张地点,一帧帧地把相片拉向那个垃圾箱图标。

清除掉一点库存后,手机不卡了。容量却没有变大。我不太想把手机容量变大。自从当年欢呼着把它请入生活以后,喧宾夺主是它越来越真实的面目。直到我们无奈地被它牵着、绑着走,直到现在,甚至时常感觉它已经变成了能够反过来控制我们精神和意志的人体新器官了。

需要清除掉一些垃圾,不论手机还是人生。因为我们的时日有限,需要亲力亲为地照顾和打理好身边的人事,需要更多用清明的视网膜去感受微风和云彩,而不只是透过那个鱼眼和盒子。

不管互联网后面几个加，挡不住有些人还是心向自然，心向人面桃花对撞式的传情达意。

为此，机器人生需要有容量的上限。

有时候，该对自己，对时刻牵连着那个机器的习惯说一声，打住。

愿有情人终成汤团

这个情人节，要问我送你什么，我送你一个团子。

十几年前，初次相遇，我还是一团生粉，一吹就到处飞扬，你还是一捧芝麻、豆粉或肉燥，闻着是香，入口粘牙。希望打着滚儿粘合在一起，可是，我们都是干的，碎的，脆弱的，负电的，生活还是两个人的成长，靠得太近就会弹开，直到水的出现。那个小生命的几滴口水，几滴眼泪，几滴莹润的目光，几滴娇弱的呼喊，开始让我们的生命纠结。不知不觉，几滴汇成一汪，间或有甘泉喷出，粉和开了，馅紧致了，琼浆热情流淌，直到脚跟脚掌不能离地，哪怕曾经有过打滚挣脱的念头，却被艰辛、操劳各自捶打成了一团。生活，开始显示它油腻腻的撮合力，无法抗拒，难以逍遥。

揉巴揉巴，我被岁月捏成了一张糯米的皮。我绵软无力，可是有那么点嚼头，不那么容易被巴掌或拳头弄破，有时候这张皮长在脸上，有时候这张皮长在心里，或者，就随便蜷缩成一团，翻滚着来到你的面前。我四十好几了，我是翻滚到你面前的一团。请笑纳。

搓巴搓巴，你被孩子逼仄成了一枚馅子。你逐渐浓缩，可是你心里撑起一条曲线，它圈起没有棱角的最大空间，包容着烦恼、淘气（孩子和我的）、厌倦与无力，当然最大的角落留给了简单和快乐。所以，你甜甜地发火，咸咸地皱眉，酸酸地做梦，浓缩出了四十年人生的丰厚滋味，也成为含含糊糊的一颗。

你成了馅，我成了皮。终于，花好月圆，情人汤团，你还在犹豫么？生活这口大锅的水开了，热腾腾的蒸汽中，我幻想着你扑簌簌一打滚，落入我皮实的怀里，然后我们往锅里奋不顾身跳一跳，直到柔韧成再也分不开的一团。

——写给 2014 年元宵节（同日正是情人节）

图书在版编目（CIP）数据

一平方米的城市/伍佰下著.-上海：上海文艺出版社.2018.8
ISBN 978-7-5321-6771-5
Ⅰ.①一… Ⅱ.①伍… Ⅲ.①散文集－中国－当代
Ⅳ.①I267
中国版本图书馆CIP数据核字(2018)第154449号

本书为上海文化发展基金会2017年度第二期文化艺术资助项目

发 行 人：陈　征
责任编辑：李　霞　江　晔
装帧设计：钱　祯
封面设计：ABOOK壹书工作室　沾衣Design 531209570

书　　名：一平方米的城市
作　　者：伍佰下
出　　版：上海世纪出版集团　上海文艺出版社
地　　址：上海绍兴路7号　200020
发　　行：上海文艺出版社发行中心发行
　　　　　上海市绍兴路50号　200020　www.ewen.co
印　　刷：常熟市华顺印刷有限公司
开　　本：850×1168　1/32
印　　张：9
插　　页：2
字　　数：192,000
印　　次：2018年8月第1版　2018年8月第1次印刷
Ｉ Ｓ Ｂ Ｎ：978-7-5321-6771-5/I·5403
定　　价：35.00元
告 读 者：如发现本书有质量问题请与印刷厂质量科联系　T:0512-52605406